Karl Heinrich Schaible

Deutsche Stich- und Hieb-Worte

eine Abhandlung über deutsche Schelt-, Spott- und Schimpfwörter, altdeutsche

Verfluchungen und Flüche

Karl Heinrich Schaible

Deutsche Stich- und Hieb-Worte
eine Abhandlung über deutsche Schelt-, Spott- und Schimpfwörter, altdeutsche Verfluchungen und Flüche

ISBN/EAN: 9783743429864

Hergestellt in Europa, USA, Kanada, Australien, Japan

Cover: Foto ©ninafisch / pixelio.de

Manufactured and distributed by brebook publishing software
(www.brebook.com)

Karl Heinrich Schaible

Deutsche Stich- und Hieb-Worte

DEUTSCHE STICH- und HIEBWORTE.

DEUTSCHE
STICH- und HIEB-WORTE.

EINE ABHANDLUNG

ÜBER

Deutsche Schelt-, Spott- und Schimpfwörter, altdeutsche
Verfluchungen und Flüche.

VON

KARL HEINRICH SCHAIBLE, MED. ET PHIL. DR.

EM. PROFESSOR AN DER KÖNIGL. MILITÄR-ACADEMIE IN WOOLWICH, EM.
EXAMINATOR AN DER UNIVERSITÄT LONDON ETC.

„Aus welcher Quelle ist das Wort
geflossen?
Aus welchem Köcher der Pfeil
geschossen?
(Ruckert.)

ZWEITE UNVERÄNDERTE AUSGABE.

———

STRASSBURG.
VERLAG VON KARL J. TRÜBNER.

———

LONDON.
TRÜBNER & COMP.
1885.

Buchdruckerei von G. Otto in Darmstadt.

DEM DEUTSCHEN VEREIN

FÜR

KUNST UND WISSENSCHAFT

IN

LONDON

SEI DIESES WERKCHEN VOM VERFASSER GEWIDMET

ZUM DANK FÜR DIE IN IHM VERLEBTEN HEITERN STUNDEN.

VORWORT.

Nachfolgende Arbeit ist eine Vorlesung, welche ich am 24. April 1876 im „deutschen Verein für Kunst und Wissenschaft" in London gehalten habe. Auf den Wunsch einiger Freunde entschloss ich mich, dieselbe drucken zu lassen. Dieser Entschluss veranlasste mich, die ursprüngliche Vorlesung etwas zu erweitern und einige Theile ausführlicher zu behandeln. Doch wollte und durfte ich ein gewisses Mass nicht überschreiten. Ich muste mich in der Auswahl und Behandlung des Stoffes einschränken. Es war dieses keine leichte Aufgabe bei dem unerschöpflichen Reichthum des Gegenstandes.

Mein Werkchen macht keinen Anspruch auf Originalität oder wissenschaftlichen Werth. Es ist eine Sammelarbeit, mehr für den engeren Kreis meiner hiesigen Vereinsgenossen bestimmt, als für das grössere deutsche Publikum. Mein Hauptzweck war ursprünglich, solche hiesige Vereinsgenossen theils zu unterhalten, theils zu belehren, welche nach der Aufregung und Mühe eines Londoner Arbeitstages Ruhe und Erholung suchen in den gemüthlichen Räumen des hiesigen „deutschen Athenäums".

London, April 1879.

KARL HEINRICH SCHAIBLE.

INHALT.

Meine Herren!

Sie werden sich wohl darüber wundern, dass ich als Thema meiner heutigen Vorlesung einen so verpönten Gegenstand gewählt habe, wie Schimpfen und Fluchen. Aber ich hoffe Ihnen beweisen zu können, dass auch diesen heutzutage mit Recht aus der gesitteten Gesellschaft verbannten Ausdrücken menschlicher Gemüthsbewegungen eine interessante Seite abgewonnen werden kann. Es liegt in vielen unserer deutschen Schimpf- und Fluchworte ein Stück Culturgeschichte verborgen. In manchen Flüchen entdecken wir Spuren vergangener Culturperioden. Die Auswahl von Flüchen des 15. und 16. Jahrhunderts, die ich Ihnen geben werde, erlaubt uns einen Blick in die Civilisation dieser Jahrhunderte zu werfen. Zudem cursiert im Volksmunde, wie Landesmünze, eine Menge moderner Affectausdrücke, über deren Sinn und Ursprung die Wenigsten nur sich Rechenschaft abzulegen im Stande sind. Und doch ist es wünschenswerth, dass wir mit der Bedeutung und Abstammung aller in unserer Sprache gangbaren Ausdrücke vertraut seien. Vieles ist in neuer Zeit in dieser Richtung geschehen. Das interessante Werkchen „Über deutsche Volksetymologie" von Karl Gustaf Andresen in Bonn, das dem Gelehrten und dem Ungelehrten gleich viel Belehrung und Anregung darbietet, gibt Erklärungen zahlreicher Ausdrücke, deren Sinn den Meisten bisher unbekannt gewesen. In anderer Richtung haben die bekannten „Geflügelten Worte" von Georg Büchmann das deutsche Volk über viele in seinem Munde cursierende Citate aufgeklärt und

erfreuen sich einer wohlverdienten Popularität. Erwägungen
wie die, welche obengenannte Autoren veranlassten ihre ver-
dienstvollen Werke auszuarbeiten, haben auch mich, der ich
weit entfernt bin auf Verdienste, wie die ihrigen, Anspruch
machen zu wollen, zu dem Entschluss gebracht, einer anderen
Classe deutscher Sprachmünze, den deutschen S t i c h - und
H i e b w o r t e n, wie Sie mir gestatten mögen unsere Schelt-
und Fluchworte zu benennen, einige Aufmerksamkeit zu
widmen und Ihnen heute eine Auslese davon vorzuführen.

—

Die Menschen drücken ihre Zorn-Affecte durch G e -
b ä r d e n und W o r t e aus. Viele solcher A f f e c t - G e b ä r d e n
sind allen Menschenrassen gemein. Sie bilden eine überall
verständliche Zeichensprache, die in manchen Fällen das dem
Fremden unverständliche Wort zu ersetzen im Stande ist.
Zorn, Drohung, Herausforderung u. ä. werden durch allgemein
verständliche Gebärden und Zeichen ausgedrückt. Jeder Europäer würde z. B. die Affect-Gebärden eines Indianers verstehen oder doch ihren allgemeinsten Inhalt errathen. Wenn
dieser sagen will: „ich bin zornig", so schliesst er die Faust,
bringt sie an die Stirne und dreht sie in dieser Lage hin und
her. Die Herausforderung zum Kampfe drückt er gerade wie
der englische Pugilist aus, indem er beide Fäuste abwechselnd
dem Feind entgegenhält und stösst. Die Drohung Einen zu
tödten drückt er aus, indem er mit der rechten Faust gegen
den Boden schlägt, wie ein zorniger Europäer mit der Faust
auf den Tisch schlägt.*

* Ich kann nicht umhin, hier Einiges über die Gebärden- und
Zeichensprache der Indianer zu sagen, da diese sehr wenig bekannt
und höchst interessant ist. Der bekannte Reisende Burton widmete,
während seines Aufenthaltes in Nordamerika unter den Prairie-Indianern,
der Zeichensprache derselben grosse Aufmerksamkeit. Diese besteht in
einem Systeme von Zeichen, theils conventionell, theils instinctiv oder
imitativ, welche die Indianerstämme, deren einer des andern Mundart
nicht versteht, in den Stand setzt, sich ausreichend unter einander zu
verständigen. Ein Dolmetsch, der alle diese Zeichen kennt, die jedoch
so zahlreich und compliciert sind, dass er Jahre braucht, um sie zu
lernen, wird von den Meisten selbst einem guten sprechenden Dolmetsch

Ausser durch Gebärden und Zeichen drückt der Mensch seinen Zorn durch A u s r u f e aus. Diese waren Anfangs wohl durchaus, was sie jetzt noch theilweise sind, blosse Interjectionen, aus welchen allmählich sich eine Affectsprache entwickelte. Diese Affectsprache ist oft unabhängig vom Willen. Nicht nur, dass auch in normalem Zustande sich Ausrufe des Unmuths oft wider den Willen des Ausrufenden über die Lippen drängen: die Affectsprache besteht selbst noch fort nach dem gänzlichen Verluste der Wortsprache, welche dem Denken unterworfen ist.* Affectlaute, wie Flüche, können daher selbst noch dann hervorgebracht werden, wenn das Sprachvermögen nicht mehr existiert und das bewusste Denken des Menschen schlummert. Eine Menge solcher Fälle wird von Ärzten berichtet, wo selbst am Sterben Liegende, vollkommen bewusst- und sprachlos, wenn der Körper in eine unbequeme Lage gebracht ward oder sie sonst gereizt wurden, lange, kräftige Flüche ausstiessen.** Ein Schwerbetrunkener,

---

vorgezogen. Das Gebiet dieser Zeichensprache ist sehr ausgedehnt und erstreckt sich über sehr viele Stämme. Es gibt Indianerstämme, wie die Arapahos, die einen so ärmlichen Wortvorrath besitzen, verbunden mit einer so schwerverständlichen Aussprache, dass sie nur mit Schwierigkeit unter sich selbst im Dunkeln conversieren können. Damit solche, die ihrer Niederlassung nicht angehören, sie verstehen, müssen sie sich stets zum Lagerfeuer begeben, um sich mit Zeichen zu helfen. Diese Zeichensprache der Indianer besteht theils in Affectgebärden, um Gemüthsbewegungen auszudrücken, theils aber auch in sehr sinnreichen, denen unserer Taubstummensprache ähnlichen Zeichen, die nicht nur den Stamm der Sprechenden, ihre Affecte, die verschiedenen Verwandtschaftsgrade, Waffen, Thiere u. s. w., sondern auch die für das Leben nöthigen Handlungen ausdrücken. Sie sind damit im Stande, detaillierte, zusammenhängende Erzählungen zu geben. Vgl. über diese Zeichensprache das Werk des erwähnten Burton: The city of the Saints and across the Rocky Mountains to California (London 1861), Seite 150 ff.; ferner James Greenwood, Savage habits and customs, Seite 263—267.

* S. Kussmaul, Störungen der Sprache, Kap. 17. (Anhang zu Band 12 von Ziemssens Handbuch der speciellen Pathologie und Therapie.)

** Kussmaul, in dem angeführten Werke S. 61, sagt: „Ein gänzlich bewusstloser Arbeiter mit allen Symptomen einer schweren, durch die Section bestätigten Meningitis, wurde auf meine Klinik gebracht. Er gab die ersten 24 Stunden keinen Laut von sich. Als man den

dessen Zunge kaum noch lallen kann, kann manchmal noch
derb fluchen. Solche, die Jahre schon in fremdem Lande
wohnen und in fremder Umgebung nur die fremde Sprache
sprechen, ja nur in dieser denken, fluchen, in Aufregung
versetzt, oft in der bei ihnen fast verschollenen Muttersprache
und stossen längst vergessene heimische Laute aus. Der erste
Napoleon pflegte, wenn er in Zorn gebracht wurde, seine
französischen Officiere italienisch auszufluchen.*

Wenn man bedenkt, dass die emotionelle Affectsprache
vom Willen und Denken oft unabhängig ist, so wird man bei
den habituellen Fluchern ihre oft grässlichen Flüche nicht so
ernst nehmen müssen. Obwohl solche ihren Mitmenschen oft
alles mögliche Unheil über das Haupt fluchen, so meinen sie
es meistens nicht so böse, ja sie sind nicht selten die besten,
gutherzigsten Leute.

Der Fluch- und der Scheltruf sind so alt als die Mensch-
heit, sie waren zugleich mit den Ausdrücken der Liebe, der
Freude, des Schmerzes, der Furcht die ersten Laute des er-
regten Menschengemüthes. Die Menschen haben diese Erst-
lingsgabe nicht vernachlässigt, ja sie haben sie gut gepflegt,
und aus den anfangs wenigen Zorninterjectionen ist mit der
Zeit ein reicher Schatz der complicirtesten Flüche geworden.

In die Fluch- und Scheltlitteratur der verschiedenen
Völker heute einzugehen, wäre eine unmögliche Arbeit, selbst
wenn hier schon fertige Sammlungen vorlägen.

---

comatösen Menschen aber morgens beim Umbetten herausnahm, stiess
er einen langen Fluch (Herrgott S....) aus. Am Abend starb er, ohne
aus dem Coma erwacht zu sein".

* Ein Vorfall der Art frappierte mich vor einigen Jahren so sehr,
dass ich ihn nicht vergessen habe. Ich fuhr mit einem Freund auf dem
Dache eines Omnibus in London. Der Freund, ein geborner Elsässer,
hatte von seiner Kindheit an, die er meist in Burgund zugebracht, fast
nur französisch gesprochen und die letzten 20 Jahre nur französisch
und englisch. Plötzlich hörten wir einen Schrei: ein altes Weib, das
vor dem Omnibus über die Strasse gehen wollte, wäre um's Haar
überfahren worden. Mehr als der Schrei der Alten überraschte mich auf
einmal ein gut deutscher Fluch an meiner Seite: „Verdammte alte Hex!"
Im Augenblicke der Aufregung war dem Freund ein elsässischer Fluch
entfahren, den er seit Jahren vergessen hatte.

Ich beschränke mich an diesem Orte daher fast aus-
schliesslich auf deutsche Fluch- und Schimpfworte, und von
diesen selbst kann ich nur eine Auswahl, eine s. v. v. Blumen-
lese geben. Das Saatfeld deutscher Flüche ist zu gross, zu
üppig, als dass es in so engem Bezirke zu erschöpfen wäre.

SCHELT-, SPOTT- UND SCHIMPFWOERTER.

Die Zahl der Schelt-, Spott- und Schimpfwörter in der deutschen Sprache ist ausserordentlich gross. Sie zeigt eine nicht sehr liebenswürdige Vorliebe unseres Volkes, einem etwas anzuhängen. Ist diese Neigung etwa theilweise die Folge des Mangels an höherer politischer Thätigkeit, an ernstem politischem Streben und Ringen, an grossem öffentlichem Leben? Wir gewahren sie freilich auch da oft genug, wo jene Bedingung nicht vorhanden ist.

Betrachten wir uns zunächst die Wörter, welche den Begriff des Spottens u. s. w. bezeichnen.

Das Verbum „schelten" mit dem davon abgeleiteten Substantiv „die Schelte" ist nach J. Grimm's wahrscheinlicher Vermuthung* verwandt mit den Wörtern „soll". „Schuld" und heisst „einem seine Schuld vorwerfen", was es in der That nicht nur heutzutage, sondern auch in der älteren deutschen Sprache bedeutet.

Unsicher ist die Ableitung des Wortes „Spott". Ausser dem wahrscheinlich verwandten rheinischen Wort „der Sputze" — Spass, Neckerei, findet sich nichts, was Aufklärung über den Ursprung des Wortes geben könnte. Es kommt in älterer Zeit nicht allein in der herberen Bedeutung vor, die es jetzt hat, sondern auch in der milderen des „Scherzes" oder „Spasses", öfters dem Ernst entgegengesetzt.

Bitterer, erbarmungsloser Spott ist „Hohn". Dieses Wort

---

* Grammatik 2 (1826), S. 33 Nr. 352 und Geschichte der deutschen Sprache S. 903, Anm.

geht aus von der Bedeutung der Schmach oder Schande, die
es noch bei Luther hat. Verwandte Wörter älterer deutscher
Dialekte bedeuten „gering" oder „böse". Beides, boshafte
Geringschätzung, liegt noch heute in dem Worte.

Die Wörter „Schimpf" und „schimpfen" gehen heutzutage in ihrer Bedeutung einigermaassen auseinander. Während
das Verbum mehr nur die mildere Bedeutung unfreundlicher,
zänkischer Rede hat, ist das Substantiv weit stärker = Be-
leidigung, Entehrung. Auch die ältere Sprache zeigt mehrerlei
Abstufungen in der Bedeutung der Wörter. Während „Schimpf"
bei mittelhochdeutschen Dichtern nicht selten „Spott" bedeutet,
ist doch die harmlose Bedeutung des „Scherzes" oder „Spieles"
weit häufiger. In dieser Bedeutung wird der Schimpf dem
Ernst entgegengesetzt, wie Pauli's „Schimpf und Ernst" zeigt,
d. h. Scherz und Ernst. So heisst mittelhochdeutsch: eine
Sache „in schimpf ûf nemen" nicht, wie wir es heute ver-
stünden, „sich dadurch beleidigt, entehrt fühlen", sondern im
Gegentheil „es als Spass aufnehmen". So wird „Schimpf"
geradezu für den ritterlichen Turnierkampf gebraucht, um
den Kampf als Spiel, nicht als ernstliches Gefecht zu bezeichnen. Auch die Ableitungen des Substantivs nehmen an
diesen Bedeutungen Theil; „schimpflich" heisst nicht „ent-
ehrend", sondern „scherzhaft". höchstens „spöttisch".

Unter „Schmach" verstehen wir eine entehrende Kränk-
ung, so stark oder stärker als „Schimpf". Auch dieses
Wort ist, wie wir es schon von andern gesehen haben, aus
einer minder ungünstigen Bedeutung in diese härtere übergegangen. Wenngleich auch die ältern deutschen Dialekte
mit diesem Wort und dem jetzt verlorenen Adjectiv, mhd.
smæhe, schon den Begriff der Geringschätzung verbinden, so
tritt neben diesen der der Unbedeutendheit, Kleinheit als der
ältere, und es mögen diejenigen nicht Unrecht haben, welche
das lateinische macer „mager" und das griechische μικρός,
σμικρός „klein" für stammverwandt halten. Dass zu „Schmach"
das Verbum „schmähen" gehört, führe ich bloss an, um zu
bemerken, dass das der gebräuchlichen Schreibung nach damit verwandt scheinende „schmählen" - zanken, herabsetzend
mit oder von Jemand reden, in Wirklichkeit nicht verwandt ist.

Die Entstehung seiner Bedeutung ist aber dieselbe: es heisst „verkleinern", mhd. smeln, von smal „schmal", „klein" (engl. small).

Dem Wege entgegengesetzt, welchen wir soeben eine Anzahl von Wörtern vom Mildern zum Schlimmern fortschreiten sahen, ist der, welchen einige andere genommen haben.

So sehen wir in dem Verbum „lästern", das bekanntlich bei Luther noch die Bedeutung der Blasphemie („Gotteslästerung") zeigt, jetzt einen von der Urbedeutung des Substantivs „Laster" = Ehrenkränkung, Schande, beträchtlich in mitius abgewichenen Sinn, sofern das Wort nicht viel mehr bedeutet als „schimpfen", „durch boshaften oder bloss muthwilligen Klatsch heruntersetzen". — Das ganz harmlose „necken" stammt von einer Wurzel nac, die in ältern Sprachformen in der Bedeutung der Bosheit und List erscheint. — Wenn die Verba „plagen" und „quälen" mitunter die Bedeutung des Stichelns, Neckens, des wiederholten Aufziehens mit einer und derselben Sache annehmen, so ist in den Substantiven „Plage" und „Qual" die stärkere Urbedeutung zwar noch lebendiger, aber doch schon bedeutend geschwächt: denn das erste bedeutet eigentlich „göttliche Strafe"; „Unglück" (entlehnt aus lat. plaga, griech. πληγή „Schlag"), das zweite „Marter", „Folter", ja gewaltsamen Tod. — Nicht verwundern kann es, in dieser Kategorie auch zwei Wörter zu finden, welche aus der Gaunersprache in allgemeineren Gebrauch übergegangen sind. „Foppen", d. h. necken, aufziehen, bedeutet rothwelsch im 15. Jahrhundert „betrügen", später auch „lügen". „Uzen" oder wie, mit gewiss unechter Anlehnung an „Utz", d. h. Ulrich, gesagt wird, „den Uz mit Jemand treiben", ist aus dem hebräischen ‏אוץ‎ (ûz), „bedrängen", durch die Gaunersprache ins Deutsche übergegangen.*

* Ganz zufällig ist das Zusammentreffen mit dem Worte Uozo, das in einer Urkunde des 10. Jahrhunderts erscheint: Uodalricum ob leporem vocaverunt uozonem; denn Uozo ist = Utz, Ulrich (aus Uodalrich).

SPOTTNAMEN VON STAND, BERUFSGESCHÄFT ODER LEBENSWEISE ABSTAMMEND.

Unsere Sprache besitzt keine kleine Anzahl von Wörtern, die ehemals Ehrenbezeichnungen waren, die aber im Laufe der Zeit eine nichts weniger als ehrende Bedeutung angenommen haben. Von solchen will ich hier einige Beispiele anführen.

Pfaffe ist im Mittelalter die ohne guten oder bösen Nebenbegriff verwendete Bezeichnung des Weltpriesters. Bekannt ist, dass es aus papa gebildet ist (wie das griechische „Pope"); minder bekannt die Etymologie Pastor Fidelis Animarum Fidelium, von der nicht auszumachen sein wird, ob sie als geistreicher Einfall oder als ernste Andeutung gemeint ist. Die grosse Masse alter deutscher Sprichwörter u. a. Redensarten zur Verspottung der Priester und Mönche beweist, wie sehr der geistliche Stand schon frühe in der Achtung des Volkes gesunken war; und so hat auch das Wort „Pfaffe" schon bei Luther verächtliche Bedeutung, wird sogar zu seiner Zeit schon ausdrücklich als unehrliches Wort bezeichnet.

Knecht ist ursprünglich dasselbe Wort wie das englische knight; ist das letztere in seiner Bedeutung gestiegen, so ist das erstere beträchtlich gesunken. Es bedeutet einen jungen Mann, der im Gefolge eines Edeln steht; im ältern Deutsch steht der Knecht häufig genug dem Ritter gegenüber, als Knappe, der bei demselben das Kriegshandwerk lernt; so bedeutet auch das angelsächsische cniht einen soldatischen Diener. Mit dem Ritterschlag (den ja nicht bloss Adeliche erhalten konnten) wird der Knecht zum Ritter; so konnte im Englischen die für den jungen Krieger übliche Bezeichnung zur Bezeichnung des Kriegers, Ritters überhaupt werden;* umgekehrt wurde im Deutschen die Bedeutung der Gefolgschaft, Dienerschaft die herrschende. Die häufige Bedeutung des Kriegers zeigt sich deutlich in Wörtern wie

---

* Ähnlich ist im Deutschen „Degen" (griech. τέκνον) aus der Bedeutung eines jungen Manns in die eines Ritters überhaupt übergegangen.

Kriegsknecht, Schildknecht, Wappenknecht, Landsknecht. Schon sehr frühe aber ward das Wort Knecht in doppelter Bedeutung gebraucht, sowohl in dem oben angegebenen Sinne, als in dem des niedrigen, arbeitenden Dieners; dem Knecht wird in diesem Sinne schon im Mittelhochdeutschen anstatt des Ritters, wie vorhin erwähnt, der Herr gegenüber gestellt. Mit der Zeit sank das Wort immer mehr in der Achtung. Aus dem Begleiter des Ritters ward ein niedriger Diener, ja selbst ein Sclave. „Knechtschaft", das vor 200 Jahren noch im Sinne von Dienstbarkeit genommen wurde, ward zur Sclaverei, es entstanden k n e c h t i s c h, k n e c h t e n, K n e c h t s seele.

Merkwürdig ist das entgegengesetzte Schicksal, das die deutschen Wörter K n a b e und B u b e im Vergleich mit den englischen knave und boy erfahren haben. Alle vier bedeuten ursprünglich einen im „Knaben"-Alter befindlichen Mann oder einen jungen Diener. Während aber im Deutschen „Knabe" in der ersteren Bedeutung stehen geblieben ist, für „Diener" noch in der Nebenform „Knappe"* sich erhalten hat, ist das englische knave jetzt zu der Bedeutung „Schelm", „Schurke" heruntergesunken. Umgekehrt hat sich englisch boy in seiner freundlichen Bedeutung erhalten; gegenüber von Erwachsenen gebraucht, ist es ein Ausdruck der Zuneigung, wie im Deutschen „Kinder" (von Officieren gebraucht), „ein guter Junge" u. ä.** Hingegen hat das deutsche „Bube" die Bedeutung eines niederträchtigen, schamlosen, gemeinen Menschen angenommen, wie auch seine Zusammensetzungen „Bubenstück", „Bubenstreich", „Lotterbube", „Spitzbube",*** „Lausbube" zeigen. In süddeutschen Dialekten ist „Bube" noch ganz ohne diese Bedeutung gebraucht und bedeutet „Knabe" oder „lediger Bursch"; wie auch die Deminutive „Büblein" und „Bübchen"

---

* Vgl. dazu „Rabe" und „Rappe".
** Dagegen ist booby ein Schimpfwort: „Tölpel".
*** Der erste Theil der Zusammensetzung wird hier kaum derselbe sein, wie in „Spitzname", das wahrscheinlich mit englisch spite zusammenhängt und „Spottname" bedeutet. „Spitzbube" heisst im 16. Jahrhundert ein listiger, betrügerischer Mensch, wird also mit dem mhd. Adj. spiz „listig" componiert sein.

noch unverdorbene Bedeutung zeigen. Eigenthümlich ist, dass knave und „Bube" heute noch im Kartenspiel im alten Sinne gebraucht werden.

Kerl ist ursprünglich dasselbe wie Karl, lautet im Skandinavischen noch Karl und bedeutete ehemals „Mann" oder „starker Mann". Daher kommt Karlmann, der Name Karls des Grossen, von dem man das französische Charlemagne, erst Charlemaine, ableitet, das erst später als Carolus magnus ausgelegt wurde.* Auch dieses Wort, das schon frühe auch „Bauer" bedeutet, stieg herab von seiner Höhe, ja noch tiefer als „Knecht", für den es sogar heute ein Schimpfwort ist: die Wörter Saukerl, Viehkerl bedeuten wohl soviel als Sauknecht, Viehknecht. Auch das englische Carl, dasselbe Wort wie Kerl, sank und heisst heute so viel als „Lümmel".** Das deutsche Wort „Kerl" jedoch hat seinen ursprünglichen Sinn nicht ganz verloren und wechselt die Bedeutung je nach dem ihm vorgesetzten Adjectiv. So sagt man braver Kerl, rechter Kerl und elender Kerl, gerade wie die Engländer das Wort fellow brauchen.***

Das Wort Magd machte dieselbe Umwandlung durch. Das alte „Maid", „Magedin". Femininum von Mag „Knabe". bezeichnete eine Jungfrau, ein noch nicht verheirathetes Mädchen. Später, etwa um die Mitte des 17. Jahrhunderts, wurde daraus eine Dienerin niedriger Art.

Das Wort „das Mensch", das heute die verächtliche Bedeutung eines liederlichen Frauenzimmers hat, ist ebenfalls früher ohne diesen Nebenbegriff gewesen. Mhd. der mensche und das mensche, beide gleichbedeutend, sind — „Mann" mit der Adjectiv-Endung -isch. Im 14. Jahrhundert bedeuten

---

* Die Garden des Dänenkönigs Kanut in England hiessen Huskarle d. h. Hauskerle. In Schottland hiessen die bewaffneten Bauern Colve-Carles oder Kolb-Kerls, von Kolbe oder Keule. (S. W. Scott's Antiquary. C. 3).

** Bei Chaucer (Canterbury Tales) finden wir Carl und Cherle, in gutem und in bösem Sinne gebraucht. „His knave (d. h. Geselle) was a strong carl". „False cherle, Cherle's dede". — „The miller was a stout carl".

*** S. a. u. „Mensch".

heide, noch ungetrennt, auch einen Diener oder eine Dienerin.
Im 16. Jahrhundert behielt „der Mensch" die allgemeinere
Bedeutung homo, „das Mensch" hiess „Dienstmagd", auch
„Weibsperson" überhaupt; noch im 16. Jahrhundert hat es
die Bedeutung „Concubine" angenommen. Auf dem Lande,
wo es keine Prostitution giebt, nennt der ledige Bursch das
Mädchen, das zu ihm hält und das er meistens später zur
Frau nimmt, ohne jeden ungünstigen Nebenbegriff sein Mensch,
wie sie ihn ihren Buben, Burschen oder Kerl nennt. In der
Stadt aber sinkt das Mensch zum gemeinen Stande der Pro-
stituierten herab. Die ältere Bedeutung mag noch in den
Zusammensetzungen „Viehmensch", „Saumensch" durchblicken,
welche früher = Viehmagd, Saumagd gewesen sein werden.*

Ebenso ist „Dirne" mishandelt worden, indem auch
dieses ganz unschuldige Wort die Bedeutung der Liederlich-
keit angenommen hat. Wenn Luther es für „Jungfrau" gebraucht, wie der bairische Dialekt sein „Diandl" noch heutzutage, so ist das allerdings nicht das Ursprüngliche. Das
Wort ist abgeleitet aus diu, diwe = „Dienerin", woher auch
„dienen" u. s. w. stammen. Wenn also noch im Mhd. Maria
die „Dirne Gottes" genannt wird, so heisst das schwerlich
„Gottes-Jungfrau", sondern vielmehr „Gottes Dienerin".

Gesindel ist das Verkleinerungswort von Gesinde,
welches „Dienstvolk", familia servorum, Dienerschaft bedeutet.
Das Wort Gesinde wird abgeleitet vom alten „Sind", d. i.
„Weg", „Reise", woher „senden". Wie mhd. der Gesind
= „Reisebegleiter" ist, so das Gesinde = das Gefolge, dann
Dienerschaft überhaupt. „Gesindel" bedeutet erst „kleine,
d. h. niedere Dienerschaft", dann „Lumpenpack", wobei das
Deminutiv wie öfters verächtliche Bedeutung angenommen hat.

So tief wie die vorhergehenden Namen ist zwar der alte
Ehrenname Hagestolz nicht gesunken. Er wird aber doch
heutzutage im verächtlichen, verspottenden Sinn, verschieden

---

* Nicht verwandt ist das englische wench, das von ags. wencle,
deutsch „wenig", d. h. „klein", abstammt und ursprünglich eine junge
Frau bezeichnet, später aber das Schicksal des ähnlich klingenden
deutschen Wortes getheilt hat.

von seiner ursprünglichen Bedeutung angewandt. Das Wort stammt ursprünglich von „Hag“ = „Zaun“ oder „mit Zaun umgebener Hof“, und einem zu vermuthenden Adjectiv „stalt“, „besitzend“; es bedeutet den, der im Besitz oder in der Verwaltung des vom Hauptgebäude entfernten „Hags“ ist, also Unfreie oder sonst dienstlich Gebundene, welche als Verwalter o. ä. auf Nebengüter gesetzt sind und ihrer Stellung wegen nicht heirathen können. So auch nach dem alten Rechte jüngere Söhne. Der älteste Sohn erbte das Gut, die jüngeren wurden auf den Nebenbesitzungen angestellt und blieben ledig, wie noch oft heutzutage. Ihr Stand brachte es auch mit sich, dass sie vielfach Kriegsdienste thun mussten. weshalb „Hagestalt“ nicht selten einen Krieger bezeichnet.

Das Wort Junggeselle, das heute eine ähnliche, nur nicht die verächtliche Bedeutung wie Hagestolz hat, bezeichnete früher den Handwerksgesellen, der in Deutschland nicht heirathen durfte, bis er Meister oder wenigstens Alt-Geselle wurde. Hier sehen wir ein Wort, das zu Ehren kam und die Stelle eines alten Ehrenwortes einnahm.

Ähnlich gieng es und geht es mit vielen ehrenhaften Namen, die Stand und Beruf bezeichneten. Der Meister schämte sich seines Namens und nannte sich Herr, was ein Adelsname war, der Schlosser, der Gerber und viele Andere wurden Fabricanten, die bürgerliche Jungfer ward ein adeliches Fräulein. Der Müller und der Bäcker hätten sich wohl schon längst Mehl- oder Brodfabricant genannt, wenn ihnen der Doppelsinn eines solchen Titels nicht im Wege wäre. Das Wort Schreiber war in früheren Zeiten ein Ehrenname, denn da war das Schreiben eine seltene Kunst, die die hohen Herren selten genug verstanden. Der Name Beauclerc wurde selbst einem englischen Könige, Heinrich I., gegeben, und in England retteten sich vormals Alle vom Galgen, die schreiben konnten. „Schreiber“, „Scribax“, „Schreiberseele“ sind heute Spottnamen. Beim Landmann aber lebt noch die alte Bedeutung fort. Der Bauer versteht unter „Schreiber“ einen gelehrten Herrn, einen Beamten, wenn auch häufig genug mit ironischer oder polemischer

Nebenbedeutung. Im glücklichen England, wo es keine nichtssagenden Titel gibt, werden die Beamten der Staats-Verwaltung „Regierungsschreiber" genannt.

Auch das brave Wort Bauer wird heute oft in verächtlichem Sinne, im Sinne von Grobian, roher Kerl, gebraucht. Dieser Gebrauch ist aber nur ein Erzeugniss städtischen Hochmuths. Auf dem Lande steht im Gegentheil der „Bauer" als der wohlhabende Landmann von einem gewissen, hochgestellten Minimalbesitz dem ärmeren „Söldner", „Kleinbauer" u. ä. in aristokratischer Stellung gegenüber. Bauer und Bäuerin sind Titel, welche die Dienerschaft der Herrschaft gibt. Manch solcher Bauer würde ein Dutzend und mehr sogenannter Gutsbesitzer oder Rittergutsbesitzer auskaufen; und die Heirath eines Bauern oder einer Bauerntochter mit einem nicht Ebenbürtigen gilt als grosse Mesalliance, wenn sie je einmal vorkommt.

Der Name Teufelsadvocat, ein Spottname der oft schlauen Advocaten gegeben wird, welche Alles verdrehen und schlechte Fälle vertheidigen, wurde ehemals zu Rom dem Theologen gegeben, der bei jeder Heiligsprechung formell gegen die zu canonisierenden Candidaten aufzutreten und zu opponieren, also gewissermaassen des Teufels Anrecht an sie geltend zu machen hatte. Auch in Controverspredigten repräsentierte einer der Prediger den Teufel.

Der Name Fuchs, der jungen Studenten der ersten Semester schon seit Jahrhunderten gegeben wird, lässt sich ziemlich einfach von „fuchsen", d. h. prellen, ableiten; die Fuchsprellereien bei den Jagden früherer Zeit sind ja bekannt. Man kann aber auch an eine andere Erklärung denken. Das Wort wurde früher auch Feix und Feux geschrieben und könnte so mit dem deutschen „fegen", „ausfegen" oder dem englischen to fag zusammenhängen. To fag heisst „prügeln", tyrannisieren, und ein fag ist noch in englischen Schulen ein junger Schüler, der die älteren zu bedienen hat und selbst niedrige Dienste verrichten muss. Die fleissigen jungen Studenten, die sich dem wilden Leben an den Universitäten nicht anschlossen und dafür arg geplagt wurden, hiessen Schulfüchse, und da sie mit Federbüchsen in's Colleg zu

gehen pflegten, Federfüchse oder auch Pennale, welches
dasselbe bedeutet. Moscherosch gibt uns in seiner Beschreibung des Lebens und Treibens der Studenten im 17. Jahrhundert noch andere Spottnamen der jungen Studenten, u. a.:
Bacchanten, Haushähne, Spulwürmer, Mutterkälber, Säuglinge,
Quasimodogeniti, Raupen, Pech, Oelberger.

SPOTTNAMEN VON GEWOHNHEITEN, FEHLERN ODER LASTERN UND FOLGEN DERSELBEN HERSTAMMEND.

Nicht gering ist die Zahl solcher Spottnamen, die von
Gewohnheiten, Eigenschaften, Fehlern, Strafen herrühren, und
es wäre mir unmöglich, sie alle hier nur mit Namen anzuführen. Ich gebe daher nur eine kleine Auswahl.

Rabenaas und Galgenvogel bezeichnen einen Ge-
henkten. Den ersten dieser Spottnamen haben in christlicher
Demuth und Erniedrigung viele heuchlerische Fromme sich
selbst beigelegt. Ein deutsches Kirchengesangbuch enthielt
einst folgendes Bekenntniss, das hier als Mustersammlung
von Ausdrücken sich selbst wegwerfender Demuth seine Stelle
finden mag:

Ich bin ein rechtes Rabenaas,
Ein wahrer Sündenknüppel,
Der seine Sünden in sich frass
Als wie ein Ross die Zwibbel.

Herr Jesu, nimm mich Hund beim Ohr,
Wirf mir die Gnadenknochen vor,
Und wirf mich Sündenlümmel
In deinen Gnadenhimmel.

O Salemsjäger, hetz von unten
Mich Sündensau mit Gnadenhunden.
Zieh mir dein Gnadenwammes an,
So bin ich köstlich angethan.

O Herr, wir sind vor dir ein Aas,
Ein Pestgestank, ein Rabenfrass,
Ein Schinderloch der Sünden.

Hier haben wir eine herrliche Sammlung selbstgegebener Spottnamen. Den frommen Seelen, die sich so erniedrigten, war es aber nicht so ernst, und Jesus wird sich wohl die Gesellschaft solcher Duckmäuser und Kalmäuser verbeten und sie als echte Pechvögel an einen andern Ort geschickt haben.*

Grobian kommt als Sanct Grobian, ein neuer, aber bis heute nicht canonisierter Heiliger, schon in Sebastian Brant's „Narrenschiff" vor; ob das Wort, wie auch das ähnliche „Dummerjan", mit Jan = Johann" zusammengesetzt oder mit der lateinischen Endung -anus in scherzhafter Weise gebildet ist, kann nicht entschieden werden. — „Firlefanz", welches seltener einen läppischen Menschen als das Betragen eines solchen bezeichnet, ist ein Wort von dunkler Abstammung, das ursprünglich eine bestimmte Art von lustigem ländlichem Tanz bedeutete und in dieser Bedeutung auch die Form „Firlefei" zeigt. — „Schelm" ist ursprünglich so viel als „Aas" und bedeutet hernach einen ehrlosen, betrügerischen, aber auch oft bloss einen listigen, schalkhaften Menschen; ähnliche Bedeutung haben die ebenfalls von der des Cadavers ausgehenden Wörter „Aas", „Luder", schweizerisch „Keib", angenommen. — Das ähnliche „Schlingel" kommt von „schlingen" — schleichen, und bedeutet von Haus aus (früher „Schlüngel") einen arbeitsscheuen Nichtsthuer, kommt also nicht etwa von der Schlinge des Henkers her, auf welche die Wörter „Strick", „Galgenstrick", d. h. ein des Strickes würdiger Mensch, hin-

---

* Das jetzt in mehr komischer Weise für kleines Missgeschick gebrauchte „Pech" ist zur Bezeichnung der Höllenqual in den Flammen des Peches schon im Althochdeutschen in sehr früher Zeit gebraucht. Abraham a S. Clara sagt statt requiescat in pace mit witzigem Wortspiel „requiescat in pice". — „Duckmäuser", älter „Tockelmäuser", ist der, welcher „tockelnd", d. h. heimlich betrügend, „maust", d. h. langsam einherschleicht, wie die mausende Katze; man fand aber in dem Wort gewiss einen etymologisch nicht vorhandenen Anklang an „Tücke", welches Wort selber im Mittelhochdeutschen noch in der allgemeinen Bedeutung „Handlungsweise" erscheint. — „Kalmäuser" ist nach Adelung gebildet aus „mausen" (s. o.) und „kalm" = still, ruhig (aus Franz. calme) und bedeutet den still, mit versteckter Arglist einherschleichenden.

weisen. — „Lotterbube“. wofür älter auch einfaches „Lotter“,
kommt von dem Adj. loter = vanus, locker, leichtfertig. Die
Etymologie dieses Adj. aber ist dunkel. — „Schuft“ ist
wohl contrahiert aus niederdeutsch „schuvût“ = Lump), von
schuf ût, „schieb ihn hinaus“, also einer, den man an die
Luft setzen sollte; so hat das Holländische noch ein schavuit
= „Taugenichts“. — Dass in dieser ehrenwerthen Gesellschaft
sich auch nichtdeutsches Gut vorfindet, begreift sich leicht.
„Halunke“ ist wahrscheinlich das böhmische holomek
„Bettler“, „Taugenichts“. „Gauner“ hat, wie die Nebenform „Jauner“ zeigt, mit „Gau“ (vgl. „Gaudieb“) nichts zu
thun; die genannte Nebenform ist die ältere und bedeutet
„Betrüger“ (hebr. jana „betrügen“). — „Schurke“, englisch
shark, hängt mit „schurgen“, d. h. stossen, schieben, roh
behandeln, zusammen; wogegen „Scherge“, älter „Scherje“,
ahd. scarjo, eigentlich den „Schar“-Meister bedeutet. —
„Kog“, „Gog“, „Gâg“ ist in süddeutschen Dialekten ein viel-
deutiges, etymologisch dunkles Scheltwort. — „Windbeutel“,
englisch wind-bag, bedeutet von dem gemeinsamen Ausgangs-
punct eines hohlen Schlauches aus sowohl ein hohles Gebäck,
einen hohlen Kuchen, als einen „windigen“ Menschen, „Hohl-
kopf“. — „Schwadroneur“. „schwadronieren“ im Sinne
von grosssprechen, aufschneiden, erinnert an „Schwadron“,
kommt aber wahrscheinlicher von dem süddeutschen Zeitwort
„schwadern“, d. h. schwatzen.* — „Memme“ wird abgeleitet von Mamma, „Mutter“, „Amme“, im Sinne von „Mutter-
kind“; man könnte an Verwandtschaft mit dem englischen
Verb to mammer, d. h. „zaudern“ denken, oder auch mit dem
Worte mammet, d. h. „Puppe“; diese beiden aber, sicher das
letztere, können gleichfalls von mam, mamma abgeleitet werden.
— „Lümmel“ ist eigentlich ein „lummer“, „lummeliger“, d. h.
schlotteriger, fauler Mensch.

„Bärenhäuter“ könnte wohl ehemals einen faulen
Menschen bezeichnet haben, der den ganzen Tag auf der
Bärenhaut, dem Lieblingslager der alten Deutschen, zu liegen
pflegte. Hängt wohl damit auch „Faulpelz“ zusammen? Oder

---

* S. K. G. Andresen, Ueber deutsche Volksetymologie; 3. Aufl.,
S. 218.

ist „Pelz“ hier gebraucht wie „Haut“ in „gute Haut“, „Dick-
häuter“ u. ä.? Aber Pelz kommt sonst von der menschlichen
Haut nicht vor, welche freilich in diesem Worte ihrer Un-
empfindlichkeit wegen absichtlich mit einem Thierfell ver-
glichen sein könnte.

Die Wörter „F a u l e n z e n“ und „F a u l e n z e r“ werden
auf verschiedene Weise erklärt. Grimm und Andere leiten
das Wort von „faul“ ab, mit der Ableitung „-enzen“, welche
dann nur noch in diesem Verbum in der Schriftsprache erhalten wäre, in älterer Sprache aber und in Dialekten öfters
vorkommt. Die Schreibweise f a u l l e n z e n soll später, und
aus „Faulenzer“ soll der gleichfalls vorkommende Ausdruck
„fauler Lenz“ entstanden sein. Wackernagel hält jedoch die
Form mit zwei l für die ältere.*

Thiernamen werden gern als Spottnamen gebraucht und
vierfüssige und geflügelte Wesen musten ihre Namen dazu
hergeben. Am meisten wurde wohl „H u n d“ als Schimpfwort gebraucht und galt gewiss für eine der stärksten Be-
schimpfungen. Sehr zahlreich sind die Redensarten, Schimpfwörter und Sprichwörter, die sich auf den treuen Begleiter
des Menschen beziehen. „Du bellest nur um Hund zu heissen“,
„du wirst noch Hunde tragen oder führen müssen“ — so
schalt man oft im 15. Jahrhundert. Besonders letzteres war
früher eine allgemeine Redensart. Hunde tragen und später
führen, war in alten Zeiten eine der schimpflichsten Strafen.
Daher die Redensart: „Einem den Hund vor die Füsse werfen“.

Das Schimpfwort „H a h n r e i“, das mancherlei verunglückte
Etymologien erfahren hat, worunter nur die Ableitung vom
französischen Henri erwähnt sein soll, hängt, wie das französische cocu, das englische cuckold (älter cokewold) beweisen,
jedenfalls mit „Hahn“ zusammen. In der zweiten Silbe wird

---

* Wackernagel stützt sich darauf, dass „Lenz“ und „lenzen“ auch
ohne „faul“ in gleicher Bedeutung vorkommen. S. Pfeiffers Germania 5,
346 f. Wenn er „Lenz“ als Eigennamen fasst (wobei ich unentschieden
lasse, ob es = Lanzo, d. h. Lantfrit oder = Lorenz, oder, woran man
auch denken könnte, = Leonhart ist), so ist das gewiss richtiger als
Sanders' Erklärung, wonach Lenz = Frühling und an das langsame
(Lenz = lengiz) Kommen des Frühlings gedacht sein soll.

von Einigen ein Verbum „reien" gefunden, welches für die Begattung besonders der Vögel in älterer Zeit gebraucht wird. Wahrscheinlicher aber ist die andere Ableitung von einem Tanz „Hahnreigen". Ein solcher hat in Deutschland wirklich existiert;* noch mehr trifft aber zu, dass in England ein „Hahnreitanz", „Cuckolds all awry, the old dance of England", existiert hat.** Wie sich freilich nun die Bedeutung der Hahnreischaft zu diesem Tanz verhält, ist kaum sicher zu stellen.

SPOTTNAMEN DURCH BESONDERE UMSTÄNDE ODER VORFÄLLE ENTSTANDEN.

In gewissen Gegenden Deutschlands nennt man die Schneider Böcke. Es ist kaum möglich, eine sichere Ableitung für diese Benennung zu geben; bekannt ist die folgende Geschichte, aus der sie gewöhnlich hergeleitet wird. Als die ehemalige Festung Ladenburg, in der badischen Pfalz, in alten Zeiten belagert wurde und fast ausgehungert war, so dass die Belagerer ihre baldige Übergabe erwarteten, fasste ein Schneider einen originellen Gedanken. Er liess sich in ein Ziegenfell nähen und gehörig ausstopfen, um recht fett zu scheinen. Man brachte ihn sodann auf den Wall, wo der Schneider solche lustige Sprünge machte und so tapfer meckerte, dass die Feinde dachten: „wenn in Ladenburg die Böcke noch so sind, so können's die Menschen noch lange aushalten"; und so zogen sie ab. Dafür wurden die Schneider mit Undank belohnt und heutzutage werden sie mit dem Namen Bock und mit Meckern verspottet.

---

* Hans Sachs (in dem Fastnachtspiel „Die hohlen Krapfen") erzählt:

> „Wir hab'n auch 'nen Hahnentanz g'habt
> In unserm Dorf, um unsern Mayen,
> Zween Sackpfeifer pfiffen uns den Reihen. ·
> Da liefen wir so g'schwind hinum.
> Oft warf einer ein Mädchen um,
> Dass man ihr, nit weiss wohin, sach."

** Pepys in seinem Tagebuch erzählt (31. Dec. 1662): Then to country dances; the King leading the first, which he called for; which was, says he, „Cuckolds all awry", the old dance of England.

2*

Die Spottnamen S a l b a d e r und s a l b a d e r n sollen ebenfalls localen Ursprung haben. Doch gibt es dafür zwei verschiedene Erklärungen. Nach der einen ist das Wort in J e n a entstanden.* Es lebte daselbst vor dem Saalthore in einem Badehause Hans Kranich, Barbier und Chirurg, der durch seine kopflose Geschwätzigkeit so bekannt war, dass die Redensart aufkam: „Er spricht wie der Saalbader". Die andere Erklärung ist,** dass ein gewisser Jakob Vogel, Bader aus Stössen an der Saale, in alten Zeiten zum kaiserlichen Dichter gekrönt wurde zur Belohnung für seine unsinnigen Gedichte. Eine dritte Erklärung anderer Art ist die, dass „salbadern" eine Entstellung sei aus „salvatern", den Namen des Erlösers oft im Munde führen.***

Merkwürdig ist, wie rasch oft gewisse Redensarten, die ein Individuum zuerst angewandt hat, wie klingende Münze in kurzer Zeit ganze Länder durchwandern.

P h i l i s t e r † war anfangs ein Spottname, den die Studenten den Bürgersleuten gaben. Die Entstehung dieses Studentenschimpfwortes soll folgende sein. Im Jahre 1693 fiel zu J e n a im Gasthaus „Zum gelben Engel" eine Prügelei zwischen Studenten und Bürgern vor, wobei ein Student todt blieb. Sonntags darauf predigte Pastor Göz heftig wider diese That: „Es sei" — so rief er — „bei diesem Mordhandel hergegangen, wie dort geschrieben steht: Philister über dir, Simson!" — Dieses Wort ertönte bald in allen Gassen Jenas, und von der Stunde an hiessen die Bürger daselbst und auf andern Universitäten Philister.

Nebst Salbader und Philister verdankt noch ein anderer Spottname J e n a seine Entstehung. H a n s   v o n   J e n a †† schalt man einen, der Maulaffen feil hat und Alles hören und wissen will. Die Veranlassung dieses Schimpfwortes ist der metallne Menschenkopf am Rathhause zu Jena, der so oft das Maul aufsperrt, als die Uhr schlägt.

---

* S. Eiselein's Sprichwörter und Sinnreden, S. 536.
** S. Büchmann, Geflügelte Worte.
*** S. Andresen, Ueber deutsche Volksetymologie, S. 209.
† S. Eiselein a. a. O. S. 512.
†† S. Eiselein a. a. O. S. 280 und 348.

Das Spottwort „D a s i s t d e r A f f v o n H e i d e l b e r g"
kommt bei Sebastian Brant und andern Dichtern seiner Zeit
vor. Es soll folgenden Ursprung gehabt haben. Auf der
Brücke von Heidelberg war ehemals ein Affe in Stein aus-
gehauen und darunter stand folgende Inschrift:

> „Was thust du mich hier angaffen?
> Hast du nicht geschn den alten Affen?
> Zu Heidelberg sieh dich hin und her,
> Da findest du wohl meines gleichen mehr."*

„P r i n c i p i e n r e i t e r"** wurde besonders in den 40er
Jahren sehr viel gebraucht, ist aber auch jetzt noch gangbare
Münze. Fürst Heinrich der 72. von Reuss-Lobenstein-Ebers-
dorf ist der Vater dieses Wortes. Im Jahre 1844 proclamierte
Heinrich in einem Erlasse:

„Ich befehle hiermit Folgendes in's Ordrebuch und in
die Special-Ordrebücher zu bringen. Seit 20 Jahren r e i t e
I c h a u f e i n e m P r i n c i p e h e r u m, d. h. Ich verlange,
dass ein Jeglicher bei seinem Titel genannt wird. Dieses
geschieht stets nicht. Ich will also hiermit ausnahmsweise
eine Geldstrafe von 1 Thaler festsetzen, der in Meinem
Dienste ist, und einen Andern, der in Meinem Dienste ist,
nicht bei seinem Titel oder Charge nennt."

Schloss Ebersdorf. den 12. Oktober 1844.

Heinrich LXXII.

Der Name H a n s w u r s t*** entstand am Anfang des
16. Jahrhunderts. Er kommt in der niederdeutschen Übersetzung von Sebastian Brant's Narrenschiff (1519) zuerst vor
und wurde von Luther adoptiert. „Diss Wort" — sagt Luther
in seiner Schrift „wider Hans - Worst" 26. 4 — „ist nicht
mein, noch von mir erfunden, sondern von andern Leuten
gebraucht wider die groben Tölpel, so klug sein wollen, doch
ungereimt zur Sache reden und thun". — Auf der deutschen
Bühne lässt sich der Hanswurst erst später nachweisen in

---

* Ich gebe die Inschrift nach Zarncke (Ausg. des Narrenschiffs
S. 396), obwohl diese Form derselben nicht die sein kann, welche Brant
kannte; letztere ist überhaupt verloren.

** S. Büchmann a. a. O.

*** S. Büchmann a. a. O.

Peter Probst's Fastnachtsspiel vom „Kranken Doctor und einem Bauer" vom Jahr 1553.*

Wie oft ein an sich unbedeutender Umstand ein gangbares Wort in's Leben rufen kann, beweist das Wort verballhornen.** Johann Ballhorn, Buchdrucker in Lübeck, gab 1586 das Lübecker Stadtrecht mit vermeintlichen Verbesserungen heraus, die allgemein getadelt wurden; nach anderer Nachricht hat er dem auf dem ABC-Buch gebräuchlichen Bild eines Hahns Eier beigegeben und wurde dadurch sprichwörtlich. Es entstand das Verbum „verballhornen" oder „ballhornisieren", d. h. etwas unter dem Vorgeben der Verbesserung schlechter machen, das sich nun schon drei Jahrhunderte gehalten und die Nachkommen Ballhorn's veranlasst hat, ihren Namen zu ändern.

Merkwürdig ist der Ursprung des Namens Blaustrumpf,*** der heutzutage einer gelehrten Dame beigelegt wird. Das Wort ist englischen Ursprungs und hatte ursprünglich eine ganz andere Bedeutung. Der gelehrte Mr. Stillingfleet, berühmt durch seine Conversationsgabe, der 1771 starb, erschien in nachlässigem Anzuge mit gemeinen blauen Kniestrümpfen in Gesellschaften, von denen das damals sehr beliebte Kartenspiel verbannt und wo geistvolle Unterhaltung einziger Zweck war. Solche Gesellschaften nannte man Blaustrumpfgesellschaften, nicht zum Spott, sondern um auszudrücken, dass nicht das Äussere, sondern das Innere daselbst etwas galt. Da man die Bildung solcher Gesellschaften den drei gelehrten Damen Montagu, Vesey und Ord

---

* Der Name „Johann" war in mehreren Sprachen ein Wort, das Geringschätzung ausdrückte. So gebrauchten die Italiener Gianni, und daher Zani; die Spanier Juan, wie Babo Juan, d. h. ein närrischer Johann; die Franzosen Jean mit verschiedenen Anhängseln, wie Jeanpotage u. ä. Auch im Englischen hatte das Wort John eine ähnliche Bedeutung. Uebrigens ist bei den Engländern das unserm Hanswurst entsprechende Wort: Jack-fool, Jack-pudding. Jack kommt noch in sehr vielen ähnlichen Verbindungen vor. „Hans Wurst" selbst mag daher kommen, dass das Zeichen des Narren in der Fastnacht eine lederne Wurst war.

** S. Büchmann a. a. O.

*** S. Büchmann a. a. O.

zuschrieb, so gieng allmählig der Name auf gelehrte Damen über. „Blaustrumpf" bedeutet übrigens auch einen Angeber; ob und wie die beiden Bedeutungen zusammenhängen, ist sehr zweifelhaft.

Das Wort „Bramarbas",* das Prahlhans bedeutet, ist unbekannten Ursprungs und kommt zuerst in einem satirischen Gedichte „Cartell des Bramarbas an Don Quixote" vor. von Joh. Burchard Menke, der 1732 in Leipzig starb (in seinen Gedichten „Philander von der Linde genannt").**

SPOTT- UND SCHIMPFNAMEN HEIDNISCHEN URSPRUNGS.

Es ist mir nicht möglich, in diesem engen Raume mich noch weiter in die reiche Flora deutscher Spottnamen einzulassen. Ich will mich daher, ehe ich diese Abtheilung meiner Arbeit schliesse, nur noch auf einige beschränken, die wegen ihrer Abstammung von germanischer Mythologie besonderes Interesse gewähren.

„Aschenbrödel", „Aschenputtel" oder wie die verschiedenen Namensformen alle heissen,*** welche ein armes, verachtetes, zu unwürdigen Dienstleistungen misbrauchtes Mädchen bezeichnen, ist aus dem bekannten Märchen populär geworden. Weiter zurück aber bezeichnet der Name einen Heldenjüngling, welcher von seinen stolzeren Brüdern verachtet am Heerde hockt, beim rechten Anlass hervortritt und durch seine Heldenthaten die andern beschämt. Dieses ursprüngliche Leben in verachteter Dunkelheit ist ein in der germanischen Sage häufig wiederkehrender Zug, der als echt mythologisch anzusehen ist.†

„Wicht",†† englisch wight, bedeutet, je nachdem dem

---

* S. Büchmann a. a. O.

** Nach anderer Aussage soll das Wort von dem dänischen Lustspieldichter Holberg herstammen und mit dän. bram „Prahlerei" zusammenhängen.

*** In England besteht der Familienname Ashpitel.

† S. Grimm, deutsche Mythologie (4. Aufl., wie auch weiterhin) S. 321 f.

†† Grimm a. a. O. S. 363 ff.

Worte ein gutes oder böses Epitheton vorangeschickt wird, ein gutes oder böses Wesen. Als Verkleinerungswort ist es kein Schimpfwort, z. B. „Wichtchen", „Wichtelchen", „kleiner Wicht", höchstens die Kleinheit und Unbedeutendheit verspottend. Dagegen lauten „Bösewicht", „elender Wicht" anders. Der Name Wicht wird auch dem Teufel beigelegt. „Fahr zum Wicht!" d. h. zum Teufel, sagt man auf den Färöern. Das Wort kommt von einem Geschlechte übermenschlicher Wesen, „Wichte" oder „Elbe" genannt, die heute noch in der Sage von den Wichtelmännern u. ä. fortleben.

Teigaffe, Maulaffe, Ölgötze.

„Teigaffe" ist ein Spottname, der in manchen Gegenden Deutschlands, u. a. am Oberrhein, zu Hause ist. Könnte nicht auch dieser Name heidnischen Ursprungs sein? Das Backwerk, selbst der christlichen Deutschen, ahmte lange noch die alten Götzenformen nach und behielt Vorschriften der alten Opfer bei. Es kamen gebackene Thiergestalten vor, Opferthiere, verehrte Thiere oder Attribute eines Gottes, und die heidnischen Germanen buken selbst Götterbilder zu Opfern und schmierten sie mit Oel.* Unter andern waren Ebergebäcke sehr üblich. Der Eber war das heilige Thier von Freyr oder Fro. Es wurden ihm daher Sühnopfer gebracht, und das schwedische Volk bäckt heute noch Kuchen in Ebergestalt.** Könnte nun „Teigaffe" nicht vielleicht ein christlicher Spottname eines solchen gebackenen Gottes oder heiligen Thieres gewesen sein? Für diese Annahme könnte das Wort „Hornaffe" sprechen, das in einer Schrift von 1397 als Backwerk aufgeführt wird: „pretziln, horn-

---

* S. Grimm a. a. O. 51.

** In Chaucers Canterbury Tales, „the Sompnoures tale" kommt das nicht englisch scheinende Wort „A Goddes kichel im Sinne von kleinem Kuchen vor zugleich mit „A Goddes halfpeny", das Opfergeld bedeutet. Tyrwhit meint, dass der Kuchen so genannt wurde, weil „Godfather und Godmother" (Pathe und Pathin) ein solches „Goddeskichel" ihren „Godchildren" (Pathenkindern) zu geben pflegten, wenn letztere ihren Segen erbaten. Andere meinen, der Kuchen sei der Kirche gegeben worden.

affin und crützebrôt". Ebenso kommt in andern ältern Schriften hornaf artocopus vor.*

Der Spottname „Ölgötze" ist mit mehr Gewissheit auf heidnischen Ursprung zurückzuführen. Wie oben erwähnt, wurden die gebackenen Gottheiten und Opferthiere mit Öl bestrichen. Schriftsteller im 16. und 17. Jahrhunderte gebrauchen Ölgötze auch für „Bildsäule". „Er muss den Ölgötzen tragen" bedeutete im Volksmunde „er muss die schmutzigsten Dienste thun". Lässt sich dieses auf das Tragen heidnischer Bilder bei öffentlichen Umgängen zurückführen?**

„Tölpel". ein schwerfälliger, dummer Mensch, ist das mittelhochdeutsche dörper, d. h. Dorfbewohner, Bauer; der Übergang der Bedeutung ist derselbe, wie von villanus zu vilain, rusticus oder rurestris zu rustre. Interessant ist die Zusammenstellung bei Hans Sachs: „Du Ölp, Du Dölp", insofern „Ölp" mit „Tölpel" nur dem Klang nach verwandt ist. „Ölp", wozu die Adjective „elbisch", „ölperisch", „ölpern" und längere Bildungen wie „Ölpetrütsch", „Elpentrötsch"*** u. ä. gehören, bezeichnet einen linkischen Menschen, dem die Elbe, die oben erwähnten Geister, etwas angethan haben.†

„Hampelmann", was neben einer Gliederpuppe auch einen einfältigen Menschen bedeutet, ist zugleich Name eines Hauskobolds. wie das ähnlich klingende „Hanselmann". Im Bairischen bedeutet „Hämpel" oder „Haimpel" sowohl den Teufel als einen Einfaltspinsel.††

* Anders erklärt sich „Maulaffe". Der Affe galt den alten Deutschen für dumm ; „Maulaffe" ist, wer in dummem Staunen mit offenem Maule dasteht; und der Ausdruck „Maulaffen feil haben" wird sich aus der concreten Anschauung von einem Menschen, der dumm gaffend am Wege steht, als wollte er sich den Vorübergehenden zum Kauf anbieten, leicht erklären lassen.
** Hans Sachs braucht das Wort Götz im Sinne von Klotz.
*** In „Trütsch", „Trötsch" mag die „Drude", Hexe stecken, altnordisch thrûdr, von welcher der „Drudenfuss" herstammt und welche in Ausdrücken wie „alte Trute", „alte Trutschel", „schweig, die Drut kommt" u. ä. noch fortlebt.
† S. Grimm a. a. O. S. 366.
†† S. Grimm a. a. O. S. 418 und 420.

Noch eine Anzahl anderer ähnlicher Namen ist von deutschen Hausgeistern abgeleitet, unter andern „Popanz", „Pophart", „Popel", „Popelmann", ein popelnder, d. h. ein Klopfgeist: ebenso „Mummel", „Mummelmann", „Mummhans". Mummen bedeutet einen dumpfen Laut von sich geben, den man einem gewissen Hauskobold zuschrieb. Die Wörter vermummen, Mummerei, Mummenschanz bedeuten daher Nachahmung des Koboldes.*

„Schweinigel" kann einfach von „Igel" abgeleitet werden; denn es wird daneben auch „Sauigel" gesagt. Ebenso möglich ist aber die gewöhnlich** angenommene Entstellung aus Schwein-Nickel. woneben man auch im Volksmunde oft Sau-Nickel und selbst Nickel allein hört. Ursprünglich*** bezeichnete Nicker, Nichus, einen Wassergeist: daher „Nix" und „Nixe". Später wurde dieser Name auch dem Teufel beigelegt. Daher die alten Redensarten: „heft mi die necker bracht hier?" (Hat mich der Teufel hierher gebracht?) „Alle nikkers uit de hel" und das englische „Old-Nick", ein Spottname des Teufels. (Ähnlichen Ursprungs ist „Pelznickel"). Dieser Name findet sich auch in einem Beinamen Odins wieder. Odin heisst altnord. Nikkar o. ä., Nicor im Angelsächsischen. Wo aber Odin unter diesem Namen auftritt, ist er ein besänftigender, sturmbeschwörender Meergeist.

* Im Norden Englands, u. a. in Yorkshire, ist es heute noch Sitte, dass in der Neujahrsnacht verkleidete Bursche, Mummers genannt, die Häuser besuchen, Schwellen und Küchen kehren, wobei sie nicht sprechen, sondern nur in tiefem Tone Mum, mum sagen. Sie erscheinen, nachdem das neue Jahr angekündigt ward, und betreten die ersten im neuen Jahre das Haus. Nach dem Volksglauben bedeutet es Glück, wenn im neuen Jahre zuerst ein Mann das Haus betritt, und Unglück, im Fall eine Frau zuerst kommt. Der Schreiber dieses, der seit Jahren den Silvesterabend in Yorkshire zugebracht, machte sich an einem Vorabend des neuen Jahres mit seinem Hausfreunde 5 Minuten vor Schluss des Jahres aus dem Hause und kehrte 10 Minuten nachher, im neuen Jahre wieder zurück, um die ängstliche Dienerschaft zu beruhigen, die in aller Frühe die Waschfrau erwarteten. Wären die Mummers gekommen, so hätte er dies nicht nöthig gehabt.

** S. Andresen, deutsche Volksetymologie, S. 144.

*** S. Grimm, deutsche Mythologie, S. 404 und 405.

Ich schliesse dieses Kapitel über deutsche Spottnamen mit unserem Nationalspottnamen: deutscher Michel. Man hat in diesem einen General Michael Oberntraut finden wollen, der den Spaniern im 17. Jahrhundert bedeutend geschadet hat; noch häufiger hat man das alte Adjectiv „michel“, d. h. „gross“ herbeigezogen. Da die Benennung stets als Spottname erscheint, so wird einfach der Vorname „Michael“ zu Grunde liegen, der wie so manche andere Vornamen mit spöttischem Tone gebraucht ist.* Der deutsche Michel ist der ungeschlachte Riese, der wohl denken und handeln kann, wenn er einmal erwacht, der aber schwer genug zum Erwachen zu bringen ist. Freuen wir uns seines endlichen Erwachens, das ihn auch „michel“ im Sinne der altdeutschen Sprache gemacht hat!

---

* S. Andresen, Volksetymologie, S. 8

Fluch, Verfluchung ist der Gegensatz von Segen. Erstere bedeuten Schaden, letzterer Heil.

Im Lateinischen finden wir imprecari, maledicere, exsecrari, jurare, adjurare, damnare, condemnare und andere Ausdrücke, von denen die ähnlichen französischen, italienischen, spanischen und portugiesischen abstammen. Jurare bedeutet schwören, eidlich versichern; adjurare ist beschwören, betheuern, zu etwas schwören; imprecari heisst Jemand etwas Böses anwünschen; maledicere ist schimpfen, schmähen, verwünschen. Exsecratio bedeutet Verwünschung oder Betheuerung mit Schwur gegen Einen.

Das von jurare abgeleitete französische jurer hat neben der ebenerwähnten Bedeutung seines Stammwortes aber noch die von imprecari und maledicere, es bedeutet schwören und fluchen, gerade wie das englische to swear und das Substantiv oath jetzt eine doppelte Bedeutung haben, während das englische to curse und das angelsächsische to shrewe nur fluchen und verfluchen bedeuten.

Diese Doppelbedeutung lässt sich wohl damit erklären, dass viele moderne Flüche ursprünglich nur religiöse Betheuerungen, Eide, Anrufungen von Gott oder Gottheiten waren, Zeichen von religiösem Sinn und von Frömmigkeit. Mit der Zeit nahmen sie einen profanen Charakter an, und aus frommen Betheuerungen wurden sie Lästerungen. Viele solcher heiligen Ausrufe der Betheuerung wurden im Verlauf der Zeit entstellt, absichtlich verdreht, wie unser

Potz, das eigentlich Gotts heisst, und viele andere, von denen später die Rede sein wird.

„Fluch" und „fluchen" sind urverwandt mit Wörtern, welche „schlagen" bedeuten: lateinisch plaga, plangere, griechisch πληγή, πλήσσω. Im Gothischen bedeutet flokan so viel als plangere, in der Trauer an die Brust schlagen. Bei „Fluch" wird aber eher die ursprüngliche Bedeutung des Dreinschlagens als die abgeleitete des Trauerns zu Grunde liegen. — Verschieden von fluchen ist das Wort „schwören", welches vielleicht von dem flüsternden Hersagen heiliger Sprüche herstammt, jedenfalls schon ursprünglich den Begriff einer heiligen Handlung hat. Die Wörter Fluch und Eid (englisch curse und oath), die im Englischen sehr oft verwechselt werden, haben im Deutschen ihre ursprüngliche Bedeutung bewahrt. Eid bedeutet eine feierliche Aussage.

Das Berühren irgend eines geheiligten, für heilig gehaltenen Gegenstandes ist der magische Theil des Eides und heute noch glaubt die Mehrzahl der Schwörenden, die entweder das Kreuz küsst oder berührt, oder, wie in England, die Bibel küsst, dass die Kraft des Ritus im Berühren liege. Diese Berührung, glaubte und glaubt man, afficiere den Schwörenden.

Unter den Germanen gab es viele Gegenstände eidlicher Berührung. Die Skandinavier berührten heilige Ringe, die mit dem Blute von Schlachtopfern beschmiert waren. Schwert und Dolch wurden bei allen Germanen oft zur Betheuerung berührt. Odin wachte über die Heilighaltung des Eides. Auf Island rief man daher beim Schwur: so helfe mir Freyr, Njördhr und der allmächtige Ase! „Odin's Versprechen" heisst auf den Orkney-Inseln ein gegenseitiges Versprechen, wobei beide Parteien sich durch eine Öffnung in dem schwarzen Odinstein (black stone of Odin) die Hände gaben. Ja auf Odin wurde die Sitte, Blutbrüderschaft zu trinken, zurückgeführt.* Die Berührung von kaltem Eisen war Gebrauch, und noch heute berühren die Jungen in gewissen Gegenden Schottlands kaltes

---

* W. Mannhardt, die Götter der deutschen und nordischen Völker, S. 181.

Eisen, wenn sie etwas versichern wollen. Im Mittelalter wurde
der Eid conceptis verbis oder nach Worten, wie er vor-
gesprochen wurde, nachgesagt, und dabei wurde ein Stab
berührt. Daher kamen die im Volksmunde gebräuchlichen
Ausdrücke: ein gestabter Eid, einen Eid staben.
Eidstab ist das Gericht, wo der Eid gestabt wird. Der
Stab ist wohl auf die Runenstäbe der heidnischen Deutschen
zurückzuführen, denen Zauberkraft beigemessen wurde. Zauber-
Runen wurden auf Stein und Holz, auf Schwerter, insbesondere
aber auf Stäbe geritzt und geschnitten. Diese Stäbe waren
meistens aus Buchenholz. Daher das Wort Buchstabe.

Bei allen Völkern gab es bindende und nicht bindende Eide, und manche alte deutsche Sprichwörter lassen
annehmen, dass letztere nicht selten waren. Hatten doch selbst
die Götter Griechenlands solche, die sie mehr oder weniger
banden, unter welchen letzteren der beim Styx der unver-
brüchlichste ist.

Unter solchen schottischen Hochlandstämmen, wo der
Häuptling eine heilige Person war, galt es als bindender Eid,
„bei des Häuptlings Haupte" zu schwören. Der Eid, der
ehemals den Engländern am meisten bindend war, war der
bei des Königs Leben geschworene, sagt Nicander Nucius
von Corcyra in seiner griechischen Reisebeschreibung 1545.

Die Helden der Edda hatten einen dem Styx-Schwur
ähnlichen Eid. Einer verhöhnt einen Andern in der Edda,
dass er einen Dritten erschlagen zuwider „dem Eid, den du
schwurst bei den blendend weissen Wassern des Blitzes und
dem kalten Fels, den die Woge badet!"

Die schottischen Hochländer hatten noch eine besondere
Feierlichkeit mit dem Eide verbunden, den sie als bindend
halten wollten. Sehr oft legten sie, während sie schwuren,
die Hand auf ihren eigenen gezogenen Dolch, der angerufen
ward den Eidbruch zu bestrafen. Aber welcher Ritus auch
einen Eid heiligen mochte, so gab sich der Schwörende alle
Mühe den besondern Eid geheim zu halten, den er für
unwiderruflich hielt. Dies war sehr bequem, da man ohne
Scrupel andere, wenn auch noch so feierliche Eide nicht für
bindend hielt. Ludwig XI. von Frankreich hatte auch einen

besondern Eid, den allein er achtete und den er daher sehr
ungern ablegte. Dieser Eid, den der schlaue Tyrann allein
als bindend ansah, war: „bei dem heiligen Kreuz von Saint
Lo d'Angers", das ein Stück des wahren Kreuzes enthielt.
Der Bruch dieses Eides, glaubte Ludwig, würde innerhalb
eines Jahres seinen Tod herbeiführen. Als der Connétable
Saint-Paul zu einer persönlichen Conferenz mit ihm geladen
wurde, weigerte er sich mit dem Könige zusammenzukommen.
wenn er ihm nicht ein sicheres Geleit unter Sanction obigen
Eides zusicherte. Der König weigerte sich, bot aber andere
Eide an. Allein die Unterhandlung ward abgebrochen. Dieser
Unterschied zwischen den Geboten des Aberglaubens und
Gewissens herrschte zur Blüthezeit der Kirche, von ihr sogar,
wenn nicht offen gebilligt, doch entschuldigt.

Das deutsche Wort f l u c h e n wurde schon sehr frühe
in verschiedener Bedeutung gebraucht, in der von maledicere,
imprecari, condemnare, detestari, damnare. In der deutschen
Bibel wird es bald im Sinne von jurare, adjurare, also von
schwören, bald in dem von maledicere, bald gleich exsecrari
gebraucht. Fluch findet sich daselbst im Gegensatz zum
Segen. im Sinne von exsecratio und maledictio. Einem fluchen
und Einen verfluchen sind in der deutschen Bibel oft dasselbe.
Die Beispiele dieser verschiedenen Anwendung des Wortes
sind zu zahlreich. um sie hier alle anzuführen. Hier folgen
einige Beispiele:

„Diesen Bund und diesen Fluch, das ist, diesen Bund,
welcher mit dem Fluch befestigt ist".

„Jemandes Seele fordern mit dem Fluch."

„Sich mit einem Eid verbinden unter der Strafe des
Fluchs".

„Ich fluchete seinem Hause".

„Wie soll ich fluchen, dem Gott nicht fluchet".

„Dass ihnen seine Kinder den Fluch auf den Hals holeten".

Da die priesterlichen Verfluchungen des alten Testaments,
sowie die der christlichen Kirche, keinen geringen Einfluss auf
das profane Fluchen, besonders im Mittelalter, übten, so will
ich, ehe ich zu letzterem schreite, einige Proben solcher religiösen Verfluchungen geben.

RACHE- UND FLUCHGEBETE DER PSALMDICHTER UND PROPHETEN.

Ich rede hier nicht von Gebeten um Vereitelung gefährlicher Anschläge eines Nationalfeindes oder um gerechte Bestrafung von Frevlern, sondern nur von solchen, welche um den Untergang, den vollständigen Ruin von Privat- oder auch Nationalfeinden, in sehr vielen Fällen auch von Gegnern gewisser Dogmen und Ceremonien oder des Priestereinflusses flehen. Damals, wie heute, hat man religiöse Gegner oder Reformatoren zu Feinden Gottes gestempelt. Die glühendste Rachgier spricht oft aus den Gebeten der Psalmdichter. „Lass einen Bösewicht ihn richten"; — sagt David (Psalm 109, 6—17) — „ihm zur Rechten stehe sein Feind! Verurtheilt werde er, wenn er gerichtet wird! Und sein Gebet selbst werde ihm zur Schuld angerechnet! Seine Tage müssen wenige sein, und sein Amt erhalte kein Anderer! Seine Kinder müssen umherirren und aus Noth ihr Brod betteln! Es müsse der Wucherer aussaugen alles, was er hat, und Fremde mögen die Frucht seiner Arbeit rauben! Und Niemand müsse ihm Gutes thun, und Niemand erbarme sich seiner Waisen! Seine Nachkommen mögen ausgerottet und ihre Namen im nächsten Glied vertilgt werden vor dem Herrn und seiner Mutter Sünde nicht ausgetilgt werden" u. s. w.

In Psalm 137, 9 findet man den schrecklichen Wunsch: „Tochter Babel, wohl dem, der deine jungen Knaben nimmt und zerschmettert sie an einem Stein!"

Ein erbauliches Gebet findet sich in Psalm 69, 23 ff.: „Ihr Tisch müsse ihnen zum Fallstrick werden: ihre Augen sollen finster werden, dass sie nicht sehen, und ihre Lenden lass immer wanken. Giesse deine Ungnade auf sie und dein grimmiger Zorn ergreife sie. . . . . Vers 28 f.: Lass sie aus einer Sünde in die andere fallen, dass sie nicht kommen zu deiner Gerechtigkeit. Tilge sie aus dem Buche der Lebendigen" u. s. w.

Zu dieser kleinen Auswahl von Verfluchungen aus den Psalmen will ich noch eine Lese aus den Propheten geben. Darunter sind besonders die Verfluchungen Ägyptens durch

Hesekiel zu erwähnen, der Cap. 29—32 diesem Lande eine
vierzigjährige vollständige Verheerung anwünscht.

Da heisst es Cap. 29, 8 ff.: „Darum spricht der Herr:
Sieh, ich will das Schwert über dich kommen lassen und
beides, Leute und Vieh in dir ausrotten, und will Ägypten
wüste und öde machen, dass weder Vieh noch Leute darinnen
gehen oder da wohnen sollen vierzig Jahre lang, und will
ihre Städte wüste liegen lassen vierzig Jahre lang, und will
die Ägypter zerstreuen unter die Heiden". . . . Cap. 32,
11 ff.: „Das Schwert des Königs zu Babel soll dich treffen,
und ich will dein Volk fällen durch das Schwert, dass Alles
Volk vertilgt werde, bis ich das Land Ägypten verwüstet
und Alles, was im Lande ist, öde gemacht und alle so darinnen
wohnen erschlagen habe, dass sie erfahren, dass ich der
Herr sei".

Auch Jeremia fleht zu Gott wider seine Mitbürger, die
ihn wegen seines Dringens auf Unterwerfung unter Babel für
einen Landesverräther hielten, Cap. 18, 21: „So strafe nun
ihre Kinder mit Hunger, und lass sie in das Schwert fallen,
dass ihre Weiber ohne Kinder und Wittwen seien und ihre
Männer zu Tode geschlagen und ihre Mannschaft im Streit
durch das Schwert erwürgt werde . . . . v. 23: . . . Vergib
ihnen ihre Missethat nicht und lass ihre Sünde vor dir nicht
ausgetilgt werden. Lass sie vor dir gestürzt werden und
handle mit ihnen nach deinem Zorn". — Hosea (cap. 14, 1)
flucht: „Samaria wird wüste werden, denn sie sind ihrem
Gotte ungehorsam. Sie sollen durchs Schwert fallen und
ihre jungen Kinder zerschmettert und ihre
Schwangeren aufgehauen werden!"

Man darf jedoch nicht glauben, dass die Priester der
Juden allein im Alterthume fluchten. Überall, wo Priester-
kasten bestanden, deren Hauptziel stets die Erhaltung ihres
Einflusses, ihrer Privilegien war, wurde der Fluch als Waffe
gebraucht, um das Volk in Ergebenheit und Gehorsam zu
erhalten.

Die Flüche und Verfluchungen der christlichen
Kirche sind in der Form eine Nachahmung der jüdischen.

Aus der grossen Masse solcher christlichen Verfluchungen

will ich hier nur eine auswählen, weil sie in früheren Zeiten eine mächtige Waffe der Kirche gegen solche war, die versuchten ihr Joch abzuschütteln.

DIE GROSSE RÖMISCHE EXCOMMUNICATION.*

Der Excommunicationsfluch wurde gewöhnlich viermal im Jahre gelesen. Die Personen, die verflucht werden sollten, wurden zuerst mit Namen öffentlich gelesen. Dann trat der Bischof in Weiss gekleidet auf, von Priestern umgeben, von denen einer ein Kreuz emporhob, die andern brennende Kerzen trugen. Der Bischof betrat die Kanzel und sprach von da aus folgenden Fluch:

„Mit der Vollmacht des allmächtigen Gottes, des Vaters, Sohnes und des heiligen Geistes, und der unbefleckten Jungfrau Maria, Mutter und Patronin unseres Heilandes, und aller himmlischen Engel, Erzengel, Cherubim und Seraphim, aller heiligen Patriarchen, Propheten, Apostel, Evangelisten, der heiligen unschuldigen Kindlein, welche, im Angesicht des heiligen Lammes, würdig befunden werden das neue Lied zu singen: der heiligen Märtyrer, der heiligen Glaubenszeugen und heiligen Jungfrauen, und aller Heiligen zusammen, mit den Heiligen und Auserwählten Gottes:

. . . „Wir excommuniciren und verfluchen ihn (oder sie); und von der Schwelle der heiligen Kirche des allmächtigen Gottes stossen wir ihn aus, auf dass er gequält werde. Und wie das Feuer vom Wasser gelöscht wird, so soll sein Licht auf immer erlöscht werden, bis er bereut. Amen." (Mit diesen Worten wurden die Kerzen gelöscht und der Bischof schwang die Schelle.)

„Verflucht sei er vom Vater, der den Menschen schuf; — verflucht vom Sohn, der für uns litt; — verflucht vom heiligen Geist, der uns in der Taufe gegeben ward; — verflucht vom heiligen Kreuz, das Christus für unsere Erlösung bestieg!

* Textus de ecclesia Roffensi, per Ernulfum, Episcopum. Caput LV. — Wörtliche Übersetzung des lateinischen Originaltextes im Domcapitel zu Rochester.

„Verflucht sei er von der heiligen und ewigen Jungfrau Maria, der Mutter Gottes! — verflucht von St. Michael,
dem Fürsprecher heiliger Seelen! — verflucht von den Erz-
engeln und allen himmlischen Mächten und Heeren!

„Verflucht sei er von der preiswürdigen Zahl der Patriarchen und Propheten; verflucht von St. Johann dem Vor-
läufer und St. Johann dem Täufer; verflucht von St. Peter,
St. Paul und St. Andreas, und von allen andern Aposteln
zusammen sei er verflucht!

„Und verflucht soll er werden von den Jüngern Christi,
von den Evangelisten, die durch ihre Predigten die ganze
Welt bekehrten, von der heiligen und wunderbaren Gemeinschaft der Märtyrer und Glaubenszeugen, die durch ihre
heiligen Werke Gott gefielen!

„Verflucht sei er — vom heiligen Chor der heiligen
Jungfrauen, welche zu Ehren Christi die Dinge der Welt
verachtet! — Verdammt sei er von allen Heiligen, die von
Anfang der Welt und in Ewigkeit von Gott geliebt werden!
Himmel und Erde und alle heiligen Dinge darin sollen ihn
verdammen!

„Verdammt sei er, wo er immer weilt, — ob im Haus
oder Stall, im Garten oder Feld, auf Strasse oder Pfad, im
Wald oder Wasser, selbst in der Kirche! — Verflucht sei
er lebend oder sterbend, beim Essen und Trinken, hungrig
und durstig, beim Fasten, Schlafen, beim Schlummern und
Wachen, Gehen und Stehen, Sitzen und Liegen, Arbeiten
und Ruhen, mingendo et cacando, und beim Blutlassen!

„Verdammt sei er in allen Kräften seines Körpers! Verflucht sei er äusserlich und innerlich!

„Verflucht sei er im Haare auf seinem Kopfe! Verflucht in seinem Gehirn, in seinem Scheitel, in seinen Schläfen,
in seiner Stirn, in seinen Ohren, in seinen Augenbrauen, in
seinen Wangen, in seinen Kiefern, in seinen Nasenlöchern,
in seinen Schneide- und Mahlzähnen, in seinen Lippen, in
seiner Kehle, seinen Schultern, seinen Handgelenken, Armen,
Händen, Fingern!

„Verflucht sei er in seinem Munde, in seiner Brust, in
seinem Herzen, bis hinab zum Magen!

3*

„Verflucht sei er in seinen Nieren, in seinen Weichen, in seinen Lenden, in seiner Scham. in seinen Hüften. in seinen Knien, Beinen, Füssen und Zehennägeln!

„Verdammt sei er in allen Gelenken seiner Glieder, von der obersten Spitze des Hauptes bis zur Sohle seines Fusses! Es soll nichts Gesundes an ihm sein!

„Möge der Sohn des lebendigen Gottes mit aller Glorie seiner Majestät ihn verfluchen! Und möge der Himmel mit allen sich darin bewegenden Mächten sich gegen ihn erheben, ihn verfluchen und verdammen! — wenn er nicht bereut und Genugthuung bietet. Amen! Fiat! Fiat! Amen!"

Gründlicher kann man Einen wohl nicht verfluchen.* Die Wirkung einer solchen Verfluchung vor versammelter Gemeinde in früheren Zeiten des Aberglaubens und der Finsternis lässt sich leicht denken.

Aber nicht nur obscure, hilflose Individuen wurden von Bischöfen und Prälaten verflucht. Der Bannfluch wurde gegen die Höchsten in der Christenheit geschleudert. In vollem Concil zu Rom sprach Papst Gregor IX. den Fluch gegen den trefflichen Kaiser. den aufgeklärten Hohenstaufen Friedrich II. aus. Nach Verlesung des Anklageacts, im Angesicht von Friedrichs Gesandten, verfluchte er ihn und erklärte ihn aller seiner Reiche, Würden und Ehren beraubt und entsetzt und von Gott verworfen. Während das Urtheil in versammeltem Concil ausgesprochen wurde, standen die Prälaten mit brennenden Fackeln in den Händen da. und nach Beendigung des Fluches kehrten sie dieselben zur Erde, bis sie erloschen, „ein Bild, wie des Kaisers Glanz und Glück auf Erden nun erloschen". Darauf stimmte der Papst und nach ihm die ganze Priesterversammlung die imposante und prachtvolle Dankeshymne an: „Grosser Gott wir loben dich". Die gewaltige Scene endete mit Ausrufen der Verzweiflung und des Schmerzes von Seiten der Freunde und Anhänger des Verfluchten und mit grässlichen Verwünschungen und

---

* Ich habe, um den Text etwas zu kürzen, die Worte „verflucht sei er" nur am Anfang jedes Satzes gebraucht. Im Original stehen sie vor jedem Substantiv.

Flüchen, von hunderten von Stimmen ausgestossen gegen den
deutschen Kaiser.

PROFANE FLÜCHE.

Während die Schimpf- und Spottnamen einen gehäs-
sigen, hämischen Charakter haben, so haben die Flüche etwas
Gerades, Offenes, und wenn wir einem Spötter unwillkürlich
tieferes Gemüth abzusprechen geneigt sind, so sind die Flucher,
wenn oft roh, doch in ihrer Mehrzahl gute Leute, bei denen
auf Donnerwetter meist gutes Wetter folgt. Bei den Meisten
ist der Fluch ein vom bewusten, geordneten Denken ganz
unabhängiger Ausdruck einer Emotion, dessen Bedeutung gar
nicht in Erwägung kommt. Ein Fluch ist oft ein Blitzableiter
des Zornes, eine Art von Sicherheitsventil für den angesam-
melten Dampf der Leidenschaft. Kann dieser nicht entweichen,
so entsteht eine Explosion, d. h. es setzt Hiebe oder gar
Stiche ab. Diejenigen, welche im Zorne tüchtig fluchen,
schlagen und stechen am wenigsten. Einer, der in blasser
Wuth schweigt, führt Unheil im Sinn.

Die Zeit, in welcher am meisten und am abscheulichsten
geflucht wurde, war das fromme Mittelalter. In den darauf
folgenden Jahrhunderten hallte es kräftig nach, und verhallt
ist es noch lange nicht. Im Mittelalter fluchte Alles, Mann,
Frau und Kind, Hoch und Nieder, Geistlich wie Weltlich.
Oft wurde gegen das lästerliche Fluchen der Priester und
Mönche gepredigt. Wicliff u. a. züchtigt in seinem Poor
Caitiff mit rücksichtsloser Strenge das Laster des Fluchens,
dessen sich Priester, ja selbst hohe Prälaten nicht schämten.

Gegen das Fluchen, Schwören und Lästern erklärte sich
zwar im Mittelalter nicht nur die Kirche, sondern auch die
weltliche Macht, aber ohne Erfolg. Mehrere Könige und
Prälaten gaben strenge Gesetze dagegen. Philipp August
von Frankreich decretirte, dass der angeklagte Flucher den
Armen zwanzig Schillinge bezahle oder in's Wasser geworfen
werde. Ludwig IX., der Heilige, erweiterte nicht nur diese
Bestimmungen, sondern befahl auch, dass sie in allen Städten
und in allen Landschaften der Vasallen zur Anwendung
kommen sollten. Nach einer Vorschrift König Richard's von

Deutschland muste jeder, der sich ohne Vorsatz durch Zorn zum Fluchen hinreissen liess, einen Schilling Strafe bezahlen; im Wiederholungsfalle wurde er strenger, ja selbst körperlich gezüchtigt. Noch ernstlicher verfuhr man gegen die, welche Gott, Christum oder die heilige Jungfrau lästerten. In Pavia wurden solche in einen Weidenkorb gesteckt, der an einer langen Stange hieng und in die Höhe gehoben und niedergelassen werden konnte, wie ein Fischnetz. Der Übelthäter im Korbe wurde, je nach Maassgabe seines grösseren oder geringeren Vergehens, mehr oder weniger oft von der Brücke in den Fluss getaucht.*

Dass die kirchlichen Verfluchungen keinen geringen Einfluss auf das profane Fluchen hatten, ist ausser Zweifel. Man glaubte, dass ein Fluch Flügel gewinne und gen Himmel steige. Nach dem Glauben des irischen Volkes muss jeder losgelassene Fluch auf irgend etwas niederfallen: er schwebt sieben Jahre in der Luft, und kann jeden Augenblick auf den sich herabsenken, wider den er gethan ward; verlässt diesen sein Schutzengel, so nimmt alsbald der Fluch die Gestalt eines Unglücks, einer Krankheit oder Versuchung an und stürzt auf den Verfluchten.

Verfluchungen finden sich in Schenkungs- und Stiftungsurkunden aller Arten und in allen möglichen Variationen. „Es fühle der Leib in den Jahren ihres Lebens den Vorschmack der unendlichen Höllenpein, wie Heliodor, welchen die Engel gestäupt, wie Antiochus, welchen die Würmer gefressen" — so heisst es u. a. im Stiftungsbrief des Klosters Peterlingen. „Wer mit böswilligem Gemüth diese Schrift liest, möge zur Stelle erblinden" — steht anderswo.** Zu ihrem Vortheile konnten die Priester gewaltig verfluchen. Wie konnten sie erwarten, dass die Schafe sich die Hirten nicht zum Vorbilde nehmen sollten?

Ich weiss nicht, wem ich unter den fluchenden Völkern Europas die Palme geben soll. Wohl den Ungarn. Ohne Zweifel besitzen sie die fürchterlichsten oder besser die ab-

---

* Raumer, Geschichte der Hohenstaufen (3. Aufl.), Band VI, S. 183 und 532.

** S. Scheffel, Ekkehard; Anmerkung 196.

scheulichsten Flüche. Unter den nicht wenig fluchenden romanischen Nationen, den Italienern, Franzosen und Spaniern stehen letztere wohl in erster Reihe, und ihr Fluchen ist nur durch den Umfang ihrer anatomischen, geographischen, astronomischen und religiösen Kenntnisse beschränkt. „Por vida del demonio, mas sabe Usia que nosotros": „Beim Leben des Teufels, Ihre Gnaden weiss mehr als wir" ist eine alltägliche Form eines Complimentes. Der grosse Fluch von Spanien kann nicht leicht geschrieben noch ausgesprochen werden. In Wirklichkeit bildet er die Basis der Sprache der niederen Classe. Es ist ein höchst alter Überrest der phallischen Beschwörung des bösen Auges, dessen gefürchtete Fascination heute noch den Geist der Orientalen aufregt und noch im spanischen, wie italienischen Aberglauben, sowie auch unter deutschen und slavischen Stämmen fortlebt, die ehedem bei uns auch in den besten Classen spukte. Das spanische Fluchwort hat das Bequeme, dass es als Verb, als Substantiv und als Adjectiv gebraucht werden kann, gerade wie es dem Fluchenden passt. Shakespeare giebt uns in Heinrich IV. (II. Theil, Act V, Sc. 3) und in Heinrich V. (Act III, Sc. 6) eine Charakteristik des spanischen Fluches, worin das Wort „Feige" als Substantiv und Verb vorkommt. Pistol flucht bei „the fig of Spain".* Von sich selbst sprechend sagt er:

> „I speak the truth:
> When Pistol lies, do this, and fig me, like
> The bragging Spaniard."

Die Bedeutung der von einer Bewegung begleiteten Worte „do this" kann ich an diesem Orte nicht erklären. Das Wort fig, „Feige", war ehemals in Spanien ein Hauptfluchwort. Es hat eine unanständige Bedeutung. Es ist der digitus impudicus, den der Spanier Martial so oft erwähnt. Die „Feige" wurde verdrängt vom modernen ajo oder carajo. Der Stachel liegt in ajo. Frauen und ruhige Männer, die nicht gern fluchen, aber ihren Worten etwas Nachdruck geben wollen, lassen das ajo fallen und sagen car, carai, carambo, gerade wie wohlerzogene Griechen ihr

---

* Die and be damned! and figo for thy friendship!

Schimpfwort *tis̄ xóęaxaç* — pascere in cruce corvos — in *tis̄
Kāęaç* milderten. Das Wort ajo heisst auch Knoblauch. Das
Wortspiel erstreckt sich auch auf Zwiebeln. So z. B. bedeutet „ajos y cebollas" (d. h. Knoblauch und Zwiebeln)
Eide und Verwünschungen. Schon Plinius spricht von dieser
Betheuerung in seiner Historia naturalis (XIX, 6), indem er
sagt: „Allium cepasque inter deos in jure jurando habet
Aegyptus". Die spanischen Flüche sind sowohl orientalischen
als christlichen Ursprungs, dabei meist höchst sinnlich und
wollüstig. Flüche germanischen Ursprungs habe ich in der
im vorigen Jahrhundert veröffentlichten Schrift des Franzosen Brantôme „Serments espagnols" nicht entdecken können.

Zu den grösten Fluchern der germanischen Völker gehören wohl die Holländer. Karl Heinzen hat in seiner
„Reise nach Batavia" eine Sammlung holländischer Matrosen-
flüche gegeben, die in Kraft und Mannigfaltigkeit die höchste
Virtuosität erreichen. „Der Holländer" — sagt Heinzen wohl
etwas bitter, denn er ist ihm nicht geneigt — „kann die
Stiefel nicht an- und ausziehen, nicht frühstücken, ehe ihn
Gott schon unzählige Male verdammt hat. Gott muss ihn
verdammen, wenn er seine Frau küsst, sowie wenn er sie
prügelt. Sie geben dem armen Herrgott entsetzlich viel zu
thun. Aber am höchsten stehen im Fluchen die holländischen
Seeleute". Über das Fluchen in England werde ich nachher
in einem besonderen Capitel sprechen.

Der Deutsche steht jedoch seinen germanischen Vettern
durchaus nicht nach. Allerdings hat auch er sich verfeinert,
und wenn man die Zahl und die Abscheulichkeit alter Flüche
betrachtet, die vor zweihundert Jahren noch gebräuchlich
waren, so hat er ausserordentlich grosse Fortschritte in diesem
Puncte gemacht. Viele der mittelalterlichen Flüche, die wir
bei alten Autoren finden und von denen Geiler von Kaisersberg
in seiner Schrift „Sünden des Mundes" Beispiele anführt, möchte
ich nicht wagen hier anzuführen. Viele alte Schriftsteller klagen
über das abscheuliche Fluchen ihrer Landsleute, u. a. Johann
Agricola. Johann Weier widmet in seinem Werke De Praestigiis folgende lange Klage der Fluchsucht der Deutschen:*

* Nach einer deutschen Übersetzung: Frankfurt, 1575. II. pg. 90·

„So würde nun mehr nit ein einiger Mensch fürhanden
sein, auff dem gantzen Erdboden, in dem nit entweders etliche
regiment Teuffelsgeistern zu einem zusatz, also zureden, legen,
oder aber gar von jhnen hinweg geführt würde, oder zu dem
minsten die Pestilentz den hals erwürgte, die Franzosen, oder
Sanct Job's plag die matten abfergte. Dieweil wir nun täglich,
ja alle stund und augenblick sehen und hören, dass dess fluchens
und schwerens in allen Heusern. Dörffern und Stetten kein end
ist, also, dass weder die Eltern den Kindern, noch die Kind
Vatter und Mutter umb ein eintzig haar verschonen, Ja auch
etliche umb ein Heringsnasen willen sich selber grawsamlich
in abgrundt der Hellen verfluchen, und dem Teuffel auff den
Schwantz binden. Wie denn auch offternmals gleich morgens
frie, ehe man recht von dem Federsack auffsteht, und herfür
kreucht, der Mann dem Weib, und sie jm herwiderumb ein
solchen Bona dies wündscht, und darmit er nit nüchtern an die
lufft gehe, das Hellische fewer in den Bauch fluchet. O pfui
der schanden. Es kommet auch nit weniger in ein solche feine
veraltete gewonheit, das, sobald jhnen ein Laus über die lebern
kreucht, und zu zorn bewegt, dass sie den allernechsten mit
fluchen und schweren jnen selbst das hertz raumen. Es
kompt auch leider die sach so weit, dass man es schier für
ein zier hat, auch in teglichem freundlichem gesprech, im be-
grüssen, in guten schimpfflichen bossen, solche erschröcken-
liche Flüch lauffen lest". —

In früheren Zeiten war man in allen Ländern an derbere
Kost gewöhnt. Man scheut sich heute in England manche
Stücke Shakespeare's aufzuführen, und doch sind sie kaum
300 Jahre alt. Bei weitem derber ist Chaucer, dessen Canterbury Tales in allen Schlössern von den delicatesten Ritter-
fräulein gelesen und bewundert wurden. Gehen wir noch
weiter zurück in das 13. Jahrhundert und lesen wir gewisse
Poesien der Trouvères, unter andern das „Les geus d'aventures",
„Ragemon le bon", das sich auf ein Spiel beider Geschlechter
bezieht, so würden heutzutage die Niedrigsten aus der Hefe des
Volkes sich schämen, beim Spiel einige der Verse auszusprechen,
die im Ragemon an edle Damen gerichtet waren.* Trotzdem

---

* S. Thomas Wright: Anecdota literaria. 1844. Seite 76.

dass der Deutsche der Gegenwart noch ziemlich derb flucht,
so hat sich doch in diesem Punkte sein Geschmack verfeinert,
und er würde sich mancher Ausdrücke schämen, die ehedem
selbst über schöne Lippen kamen.

Ich will zwar hier die Maxime Shakespeare's nicht ganz
wörtlich befolgen, der sagt: „Man muss auch die unanstän-
digsten Wörter ansehen und kennen lernen". Auch Goethe
hat, um das rechte Zeit- und Localcolorit zu treffen, sich
nicht gescheut, Scenen wie die auf dem Blocksberg im Faust
zu dichten". Aber um ein richtiges Charakterbild einer Zeit
zu geben, kann man unziemliche Ausdrücke nicht ganz ver-
meiden. Obwohl ich das Gröbste unterdrückt, muss ich, wie
vor 300 Jahren der alte Johann Agricola sagen: „dieweil ich
Sprichwörter schreibe, so kann ich nit alweg Seide spinnen;
es muss auch grob mit untergehen".

Die Flüche lassen sich in verschiedene Classen theilen:
in Fluchausrufe oder Interjectionen, in monolo-
gische Flüche und in dialogische Flüche.

Zu den Interjectionen gehören Ausrufe wie „Bei Gott!",
„Zum Teufel!", Sackerment!", „Potz Tausend!", „Potz Velten!".
Manche solcher Fluchrufe sind heidnischen Ursprungs, wie
Donner! Kukuk! u. s. w., und von diesen wird später die
Rede sein. Viele aber stammen aus der Kirchensprache und
waren früher fromme Betheuerungen. Die Scheu vor den
heiligen oder gefürchteten Namen hat zahlreiche Umbildungen
und Verstümmelungen veranlasst, die sich nicht immer auf
den ersten Blick erkennen lassen. Das Alemannische: bim
Bluest! heisst wohl „beim Blute Gottes!" Ebenso ist der
Ausruf Potz eine Entstellung des Wortes Gotts. Er kommt
in vielen Zusammensetzungen vor als: Potz Wunder, Potz
Tausend, Potz Wetter, Potz hinkende Gans! (Geiler von
Kaisersberg) Potz Leichnam! Potz Leichnam Angst! Potz
Quirin Marter! Potz Marter! Potz Tropf! (Hans Sachs) u. s. f.
Wie „Gott", so wird auch „Teufel" entstellt in „Deichel",
„Deixl", „Deigel", „Deiker", „Deihenker" u. ä. Vor 300
Jahren rief man: Potz Hosenknopf, Potz Urban's Leiden!
(Über letzteres Leiden später.) Ähnliche Ausrufe, die heute

noch gebräuchlich sind, sind: Sapperment, Sappermost, Sapper-
lot, welche Verdrehungen von „Sacrament" sind.

Die Franzosen und besonders die Engländer haben heilige
Wörter auf ähnliche Weise verdreht. Das französische bleu
oder bieu in vielen Ausrufen steht für dieu: parbleu == par
dieu, corbleu == corps de dieu, sambleu oder sambieu ==
sang de dieu, ventrebleu, morbleu, vertubleu, sacrebleu oder
sacredié u. ä. m. Eine Menge englischer Ausrufe sind ähnliche Entstellungen des Namens Gottes und anderer heiliger
Wörter: ich werde in einem besonderen Kapitel näher auf die
zahlreichen englischen Verdrehungen eingehen.

Das Wort pfui, ein Ausruf des Ekels, wird von Luther
als Scheltwort und zugleich als Verb gebraucht, indem er
sagt: pfui dich! pfui dich mal an! Nach ihm hat es Fischart
so gebraucht. „Die Worte hoc est corpus etc." — sagt
Fischart — „beim Abendmahl gesprochen haben eine Kraft,
wie das Wort pfuat, so der Teufel sagt, wenn er Mönche
schafft". Das Wort pfuat von pfui steht statt fiat. Die
Worte, die der katholische Priester beim Abendmahl spricht:
hoc est corpus etc. (d. h. diess ist mein Leib), gaben zur
Zeit der Reformation, wo man auf beiden Seiten eine sehr
derbe Sprache führte, zu einem Spottnamen Anlass, den die
Reformierten, welche die Gegenwart Christi im Abendmahl
verwarfen, aus obigem Worte umbildeten, nämlich zu hocus-
pocus. Diess ist wenigstens eine häufige Erklärung des
räthselhaften Spottworts, für welches schon Etymologien ver-
schiedenster Art gesucht worden sind. Eine andere ist die,
dass die Unwissenheit der Geistlichen selbst die Entstellung
aus hoc est corpus zu Stande gebracht habe.*

Die monologischen Flüche sind ebenfalls Ausrufe zur
Betheuerung der Wahrheit; wie z. B. „Gott verdamm mich!"
„Der Teufel soll mich holen!" mit den Worten zu ergänzen
ist: „wenn es nicht so ist, wie ich sage", oder „wenn ich es
nicht thue".

Die dialogischen Flüche jedoch sind keine Betheuerungen
mehr, sondern Verwünschungen. Die Betheuerung: Gott ver-

---

* S. Andresen, Volksetymologie S. 192 f.

damme mich! wird, auf einen Andern angewandt. Verwünschung.
Während die monologischen Betheuerungen einfach, ohne alle
Verstärkung vorkommen, nehmen die dialogischen an Heftig-
keit zu. Aus dem einfachen: „Gott verdamme mich!" wird
ein „Gott soll dich kreuzweis verdammen!" bis der Fluch
zur höchsten Steigerung gelangt. wie in dem folgenden holländischen Matrosenfluch: „Gott soll dir einen Tritt geben,
dass dir die Seele durch die Rippen guckt, wie ein Dieb
durch das Gitter!"

Meine Absicht ist nicht, mich hier auf heute noch gebräuchliche Flüche einzulassen. Diese sind ohnehin Jedem
gut bekannt. Ich beschränke mich nur auf zwei Classen von
Flüchen, erstens auf eine kleine Zahl solcher alten Flüche,
welche jetzt wohl gröstentheils aus dem Volksmunde verschwunden sind, und zweitens auf solche moderne Flüche,
welche ihren Ursprung in den religiösen und mythologischen
Anschauungen des germanischen Heidenthums haben. Eine
Auswahl englischer Flüche mag den deutschen vorangehen.

DAS SCHWÖREN UND FLUCHEN IN ENGLAND IN ALTEN ZEITEN.

Der Engländer ist, wie sein Vetter. der Deutsche,
ein guter Flucher, und Teufel, Hölle und Verdammnis spielen
in seinen Flüchen die Hauptrolle. Im Fluchen aber hat die
höhere Schichte der englischen Gesellschaft eine merkwürdige
Umwandlung erfahren. Es ist noch nicht so lange her, dass
der englische gentleman einer der grössten Flucher der Welt
war. Er hiess in Frankreich und Deutschland nur ein „Goddam". Erschien er auf der Bühne eines continentalen Theaters.
so hatte er in der Regel fast nichts als „Goddam" (damn) zu rufen.
Wie durch die Strafen, von denen schon die Rede gewesen,
suchte man auch auf andere Weise dem Fluchen entgegen-
zuwirken. Im Jahre 1700 bildeten Personen von Rang eine
Gesellschaft zur Verbesserung der Sitten in England. Vor-
lesungen und Predigten wurden zu diesem Zwecke veran-
staltet. besonders in London. Die hervorragendsten Geistlichen predigten in Bow Church. Cheapside. „Dieses" —

sagt der bekannte John Evelyn* — „fieng bald an zu wirken,
was das allgemeine Fluchen und Schwören im Munde des
Volkes jeden Ranges betrifft". Jedenfalls war aber die Wirkung
von kurzer Dauer. Im 18. Jahrhundert wurde noch viel geflucht, wie der Historiker Archenholz zeigt, welcher ein sehr
interessantes und wahrheitsgetreues Werk über England geschrieben hat, das auch in's Englische übersetzt worden ist.
Der deutsche Reisende Moritz, der 1782 England besuchte und
eine Beschreibung der Reise herausgab, befand sich in Oxford in
einer Kneipe genannt the Mitre in Gesellschaft stark bechernder
geistlicher Professoren. Als der Tag herannahte, rief einer
von ihnen: „Gott verdamm mich! Ich muss diesen Morgen
in der Allerheiligen-Kirche die Gebete lesen". Dieser Ausruf,
meint der liebenswürdige Moritz, sei in England sehr un-
schuldig und heisse eigentlich nicht mehr als: o Jemine, o
je! Im Grunde hatte der gute Mann Recht, da sich der
Fluchende beim ersten Ausrufe so wenig dachte als beim
letzten. Verschwunden ist das Fluchen noch lange nicht,
selbst in den bessern Classen; aber es hat in hohem Grade
abgenommen, und in guter Gesellschaft ist jeder Fluchausdruck
verpönt. Dagegen flucht das niedere Volk noch gerade genug.
Wenn man bedenkt, wie früher die Höchsten im Staate
fluchten, wie selbst die gestrenge Elisabeth fluchte und ihre
Lieblingsflüche hatte, unter andern „'S death!" (d. h. God's
death, Gottes Tod), wie bei Shakespeare so schrecklich geflucht wird, so ist diese Umwandlung jedenfalls erstaunlich.
Die meisten der älteren, jetzt obsoleten, und der modernen
Flüche und Fluchausrufe der Engländer sind christlich-reli-
giösen Ursprungs, und waren ehedem religiöse Betheuerungen,
die im Verlaufe der Zeit entstellt und zu profanen Flüchen
wurden. Später werde ich einige Proben solcher Entstellungen
geben. In England selbst wie in andern Ländern waren die
Strafen gegen das Fluchen sehr verschiedener Art.** Die

---

* The Diary of John Evelyn, 24 March 1700.
** Die Strafen wurden von weltlichen wie geistlichen Gerichten
verhängt. Der Archidiaconus war der geistliche Richter, dessen Ge-
richtsofficial (Sompnour genannt) die Flucher vor seinen Hof zu laden
hatte. (S. Chaucer, The Sompnoures Tale.) Es scheint, dass im Mittel-

Strafen des Mittelalters waren oft streng, selbst grausam, doch auch sinnreich, ja komisch. besonders die gegen das Lästern, worauf Schandsteintragen gesetzt war.* Eine sehr allgemein übliche Bestrafung der Flucher war in England das Anbinden derselben an den Hintertheil eines Karrens und Durchpeitschen durch den Büttel. Daher kommt die noch übliche Redensart: „at the cart's tail", was „ausgepeitscht werden" bedeutet. Gewöhnlich aber wurden schon im vorigen Jahrhundert nur Geldstrafen verhängt.** Archenholz war ganz verwundert, dass „in einem Lande, wo das Volk jeden Augenblick flucht, und wo fluchen einen Theil des ritterlichen Auftretens der Matrosen und des Volkes ausmacht, dieses durch das Gesetz verboten ist." Es sind, seit Archenholz in England war, bald 100 Jahre vergangen, und noch ist das Fluchen durchs Gesetz verboten. Man hält es wohl für unstatthaft, den alten Act zu widerrufen. Aber trotzdem, dass derselbe fast in Vergessenheit gerathen ist, wird er bisweilen noch aufgefrischt. Ein Richter kann sich nicht weigern eine Person zu strafen, wenn ein Denunciant beweist, dass sie der Strafe verfallen ist. Die Geldstrafe beträgt 5 Schilling für einen gentleman und 2 Schilling für einen Mann von niedriger Stellung. Vor einigen Jahren wurde ein bemittelter Hausbesitzer im Westende Londons von einem zartfühlenden Nachbar angeklagt, dass er im Garten gräulich zu fluchen pflege. Der Angeklagte war bereit, die 5 Schill. eines gentleman zu bezahlen, aber

alter die strafende Gewalt im Besitz Vieler war, u. a. der Barone, der geistlichen Gerichte, der städtischen Magistrate, ja selbst des Gildmeisters. Dieser konnte nicht nur Geldstrafen, sondern auch körperliche Strafen, kürzeres oder längeres Einschliessen in den Zwangs- oder Fussblock, gegen ungehorsame oder sich vergehende Mitglieder verhängen (English Gilds by Toalmin Smith veröffentlicht von der „Early English Text Society" 1870).

* In dem Liber albus of the City of London 1419 finden wir, dass die Flucher und Lästerer beiderlei Geschlechtes, von Bänkelsängern begleitet, mit einem mit Flachs bedeckten Spinnrocken in der Hand, nach einem besonderen Pranger, Thew genannt, geführt wurden, wo sie nach Gutdünken des Lord Mayors oder der Aldermen eine Zeit lang sitzen musten.

** Unter Georg II. wurde ein Gesetz gegen das profane Fluchen erlassen und Geldstrafe darauf gesetzt.

der Ankläger verlangte, dass er nur 2 Schill. bezahle, da ein
solcher Flucher kein gentleman sei. Es entstand nun hierüber
ein Kampf, in dem der Flucher darauf bestand 5 und nicht
2 Schilling zu bezahlen. Der Richter aber dictierte 2 Schilling.
Ein ähnlicher Fall der Anwendung des alten Gesetzes kam
erst im März 1877 vor.* Ein geistlicher Herr aus Wales stiess
— nach Zeugenaussage — sechs profane Flüche in einem
Eisenbahnwagen aus. Dafür verurtheilten ihn die Richter zu
Bristol zu einer Geldbusse von 5 Schilling für jeden der sechs
Flüche. England besitzt in dieser Geldstrafe eine Quelle des
Reichthums und Nationaleinkommens, die bisher ganz über-
sehen wurde. Eine rigoröse Ausführung derselben, wenn auch
nur auf kurze Zeit, würde in wenigen Wochen die ganze
Nationalschuld tilgen. Es ist eigen, dass die Nationalökonomen
dieses Landes sowie der andern fluchenden Nationen noch
nicht an diese ergiebige Einkommensquelle gedacht haben.

Gegen das Schwören und Fluchen wurde von den Philo-
sophen und Lehrern aller Zeiten und Völker geeifert. Zahlreich
sind die Lehren und Ermahnungen dagegen im Mittelalter. In
England und anderwärts suchte man dieses Laster nicht nur
bei Erwachsenen, sondern auch bei Kindern zu bekämpfen.
Unter den von der Early English Text Society veröffentlichten
Schriften alter Zeit befinden sich viele über Kindererziehung,
in denen nicht vergessen ist, das Fluchen der Kinder zu
bekämpfen. Unter diesen Schriften, deren Manuscripte fast
alle dem 15. Jahrhunderte angehören, die aber selbst wohl viel
älter sind, erwähne ich „the Schoole of Vertue“, worin das
ganze Capitel XI. gegen das scheussliche Laster des Fluchens
geschrieben ist. ferner „the young Children's Book“, „How
the Good Wijf taughte hir daughtirs“, „the Book of Cur-
teisie“, „the Babees Book“, „the A. B. C. of Aristotle“.

Der Raum gestattet mir nicht, die älteren englischen
Schriftsteller anzuführen, die gegen das Laster des Fluchens
eiferten. Ich will nur den guten Roger Ascham nennen, den
Lehrer der Königin Elisabeth, den Freund und Correspondenten
des gelehrten Johann Sturm in Strassburg. Sowohl in seinem

* S. Pall Mall Gazette. March 12. 1877.

„Toxophilus" (1545)* als in seinem „Schoolmaster" predigt
er gegen das Fluchen.

Wie schon erwähnt, ist ohne Zweifel das grässliche Fluchen
des Mittelalters aus dem frommen Schwören und Betheuern
entstanden. Der Gebrauch frommer Betheuerungen war damals
so verbreitet, dass das Anrufen Gottes und der Heiligen einen
grossen Theil des Gespräches ausmachte. Mann und Frau,
Weltlich und Geistlich pflegte in seine Gespräche und Erzählungen zahlreiche religiöse Betheuerungen einzuflechten. Es
war das guter Ton und, wie ich nachher zeigen werde, selbst
nöthig. Im Prologe zu Chaucers Canterbury Tales findet sich
ein Beispiel einer schwörenden Äbtissin:

> Da war auch eine Nonne, Priorin,
> Süsslächelnd war sie, schlicht, von scheuer Mien';
> Ihr gröster Schwur war stets nur bei Sanct Loy".

Dass die Frauen zu Chaucer's Zeit fluchten, sagt uns
das ausgelassene Weib von Bath in den Canterbury Tales:

> „Denn halb so dreist kann fluchen wohl kein Mann
> Und lügen, als das Weib es kann".

Diese böse Beschuldigung, die Chaucer in den Mund
des Weibes von Bath legte, hat ihm die Entrüstung der Hof-
damen der Königin zugezogen; ein Beweis, dass seine Erzählungen in den höchsten Kreisen gelesen wurden. Sie klagten
bei der Königin, obwohl nicht über das der Frau vorgeworfene
Fluchen, sondern über den Vorwurf der Lügenhaftigkeit.

Schwüre waren bindend nicht nur für versprochene gute,
sondern auch für böse Handlungen. In „des Müllers Geschichte" bei Chaucer schwört des Zimmermanns Frau dem
in ihrem Hause wohnenden Geistlichen, dem „harmlosen"
Nikolaus, einen grossen, d. h. fest verbindenden Eid „bei
Sanct Thomas von Kent", ihm ihre eheliche Treue zu opfern.
Der Eid muste gehalten werden. In einer andern Erzählung,
„des Seemanns Geschichte", kommt ein Schwur vor, den der
Mönch Dan John und die Frau eines Kaufmanns gegenseitig
auf des ersteren Brevier schwören, Ehebruch zu begehen und
das Geheimnis zu bewahren — was denn auch geschieht.

---

* S. „the first boke of the schole of Shoting", s. v. „Cursed
swering, blasphemie of Christe".

Es gab aber schon damals Leute, die weder schwuren noch fluchten. Wenn sich jedoch Einer des Fluchens und Schwörens enthielt, so pflegte man ihn einen Lollard (im Volksmund Loller) zu nennen oder einen Ketzer. „Nun ist es in England ein allgemeiner Schutz gegen Verfolgung — wenn ein Mann die Gewohnheit hat unnöthigerweise, falsch oder unbekümmert zu fluchen — bei den Knochen, Nägeln, den Seiten und andern Gliedern Christi. Und sich nutzloser und sündhafter Flüche zu enthalten, und für Sünden durch Mildthätigkeit Gnade zu suchen, ist nun Ursache und Veranlassung, dass Prälaten und Edelleute solche Menschen verleumden und sie Lollarden, Ketzer nennen." In des Seemanns Prolog bei Chaucer sagt der Wirth spottweise zum Seemann:

O! Hansel, bist du da?
Nun gute Leute — sagt' er — höret mich!
Einen Loller ich im Winde riech' . . . .
Der wird uns Eines predigen.

Der Matrose aber beruhigt rasch den Wirth mit dem für sehr stark geltenden Fluche:

„Nein, bei meines Vaters Seel', das wird er nicht."

Dass das Fluchen zum guten Ton gehörte, finden wir ebenfalls bei Chaucer in „des Pfarrers Geschichte", wo der Pfarrer predigt: „Was soll ich von ihnen sagen, die Vergnügen am Schwören (Fluchen) haben und es für vornehm und männliches Auftreten halten, grosse Flüche zu schwören? Und von denen, die aus Gewohnheit nie aufhören grosse Flüche zu schwören, obgleich die Ursache keinen Strohhalm werth ist?"

Man unterschied damals schwören (fluchen) mit Ursache und ohne Ursache und fluchen aus zornigem Herzen. Ersteres war erlaubt und keine Sünde. Chaucer braucht oft schwören im Sinne von fluchen, weil, wie gesagt, die meisten Flüche erst heilige Schwüre waren.

Noch obiger Einleitung gebe ich nun eine Anzahl alter englischer Flüche, Schwüre und Betheuerungen. Ich habe sie alle alten Schriftstellern, die meisten aber Chaucer entnommen.* Seine Canterbury Tales bieten ein grosses und

---

* Ich habe in den nachfolgenden alt-englischen Fluchausrufen und Flüchen die Orthographie der verschiedenen alten Werke, die ich benutzte, beibehalten. Diese war vormals so unbestimmt, dass nicht nur

höchst interessantes Bild der Sitten und des Lebens des
14. Jahrhunderts, in welchem daher auch diese Schattenseite
mit nichten fehlt.

Der Fluch-Interjectionen und interjectionellen Sätze gab
es in jenen Zeiten sehr viele. Dieselben sind ehedem Betheuer-
rungen gewesen und stammen aus der Kirchensprache, wie
God, Lord, Jesus. Christ, Heaven, Hell u. A. Viele derselben
haben sich bis auf unsere Zeiten vererbt. Häufige Betheuerungen waren: by Crist Jesus! Heven-king! King of kinges!
God so save me! by Goddes dignitee oder precious dignitee!
by God and the holy Sacrament! by the Mass! by the
light of Heven!

Es wurde früher sehr viel bei den einzelnen Leibes-
theilen Christi geschworen und geflucht. . In William Lang-
lands Piers the Plowman (a. 1362) heisst es in der „Con-
fession of Gluttony":

„Ich kann nicht sagen, wie oftmals
Ich schwur „bei Seel und Seiten" und „so hilf mir Gott allmächtig"
Wenn diess nicht nöthig war."

Das Wort nöthig deutet auf das Fluchen mit oder ohne
Ursache. „Es ist gräulich. sie so unseres gnadenreichen Herrn
Leib zerreissen hören" — sagt der Ablasskrämer in Chaucers
„pardoneres tale". „Um Christi willen" — sagt der Pfarrer
in dessen „the persones tale" — „schwört nicht sündhaft mit
Zerstückelung Christi, bei seiner Seele, seinem Herzen, seinen
Knochen und seinem Körper!" — Man schwur: by Goddes
soule, for Christes soule, by Goddes armes, by blood and
bones, by Corpus Domini oder by Goddes corpus, by Cristes
foot, for und by Goddes herte oder precious herte, by Goddes
armes two, Harow (pfui, hinweg!) by nailes and blood, by Goddes digne bones, by Goddes lid* etc. Solche Schwüre kamen im
Ernst und als fromme Betheuerungen aus dem Munde von Priestern, Mönchen und Frommen. Aber oft kamen sie auch aus dem
zornigen Herzen des Landsknechts und des Spielers. Grässlich

---

in den verschiedenen Ausgaben desselben Werkes, sondern in derselben
Ausgabe dasselbe Wort oft verschieden geschrieben vorkommt.

* Auch in anderen Sprachen gab es ähnliche Betheuerungen,
wie das noch gebräuchliche französische: ventre - saint - gris!

ist der Fluch, den der Würfelspieler in Chaucers „des Ablass-
krämers Geschichte" gegen seinen Spielgenossen ausstösst:

„Bei Gott's preislichem Herz, den Nägeln durch Fuss und Hand,
Bei Christi Blut von Hales *, gebracht vom heilgen Land!
Sieben ist mein Wurf, deiner ist fünf und drei!
Bei Gottes Armen! So du spielst mit Fälscherei,
So soll der Dolch dir durch das Herze dringen!"
Diess ist die Frucht, die Würfelknochen bringen!
Falsch Spiel, falsch Wort, Fluch, Meineid, Zorn und Mord!

„Obgleich diese Verse sehr ernst geschrieben sind" —
sagt Roger Ascham in seinem Toxophilus (s. v. Cursed Swering)
— „so bezeichnen sie doch noch lange nicht schrecklich genug
die abscheuliche Blasphemie der Spieler, wie ich sie selbst gehört. Denn Niemand kann etwas so ernst niederschreiben.
als es mit Mienen und Gebärden gesprochen wird. Die
wüthenden Züge, das brennende Auge, das schwellende Herz,
bereit aus dem Leib zu springen — von allem diesem kann
man nicht einmal den Schatten ausdrücken. Ich habe zwei
Männer gehört, deren Ausdrücke viel grässlicher waren als
Chaucer's Verse. Einer. der sein Geld verloren hatte, schwur
mir bei Gott. von Kopf bis Zehe. in einem Athemzuge, dass
er all sein Geld verloren, weil er nicht genug geflucht hätte.
Der Andere, sein Geld verlierend und Fluch auf Fluch häu-
fend, scheussliche. unaussprechliche Flüche, ward von einem
ehrbaren Manne dafür getadelt; er aber starrte ihm ins Gesicht und indem er all sein Geld vom Tische in seine Faust
fasste, fluchte er bei Gottes Fleisch, dass, wenn Fluchen ihm
nur zu einem „Ass" (Einer) verhülfe, er nicht ein Stück von
Gott ungeschworen lassen würde. weder inwendig noch aus-
wendig. Die Erinnerung an diese Blasphemie macht mein
Herz noch beben."

In seinem Schoolmaster, I. (a. 1570) führt Roger Ascham
ein fluchendes Kind von vier Jahren an. „Letzten Sommer"
— sagt er — „war ich in eines Edelmannes Haus, wo ein kleiner
Knabe, ein wenig über vier Jahre alt, auf keine Weise seine

---

* Hales bezeichnet die Abtei Hales in Gloucestershire. Das Blut
Christi, genannt Hales' Blut, wurde von Edmund, dem Sohn des deutschen Königs Richard, Bruder Heinrichs III., aus Deutschland gebracht.

Zunge gefügig machen konnte, ein kleines, kurzes Gebet zu sagen und doch konnte er so viele abscheuliche Flüche aus vollem Munde herauswirbeln und diese von der neusten Mode, wie sie mancher Biedermann von achtzig Jahren niemals vorher äussern hörte. Und, was noch am verabscheuungswürdigsten von Allem war, — Vater und Mutter lachten dazu!" Dieser junge Virtuos im Fluchen hatte seine Talente unter Leitung der Dienerschaft, mit der er oft verkehrte, entwickelt.

Doch ich muss wieder auf die religiösen Schwüre zurückkommen. Von solchen, die sehr zahlreich waren, erwähne ich noch: for Cristes passion! for Chreistes pein! by Goddes swete pine! by Christes swete tre! (tree = Kreuz) God so save me! by Goddes mercy! Diese häufigen Ausrufe finden sich bei Chaucer, auch bei Langland.

Dass die Jungfrau Maria sehr oft in alt-englischen Flüchen vorkommt, ist selbstverständlich. ja heute noch schwört der protestantische Engländer unbewusst bei ihrem Namen, wenn er ruft: Marry! that should I (Donner, das würde ich thun)! Marry ist hier nichts anderes als Mary. Gewöhnliche Ausrufe zu Chaucer's Zeiten waren: Lady Seinte Marie! for Cristes modere dere! Ey Goddes moder! by the Heven-Quene! Holy mother! by the mother of heven! by the splendour oder light of our Lady's brow! Holy Virgin! by our Lady! u. ä. m.

Die Heiligen beiderlei Geschlechts spielten eine sehr grosse Rolle in den Flüchen und Betheuerungen der alten Engländer. Man schwur beim eigenen Schutzpatron oder dem Patron der Gilde und Zunft oder auch bei National-heiligen. Manche Klassen hatten ihre besonderen Patrone. Es gab kräftigere und weniger kräftige Heiligenflüche. Nach der normännischen Eroberung schwuren die Sachsen lange meist bei sächsischen Heiligen wie Dunstan, Willibald, Dubric, Winifred, Swibert, Withold, Willick, Edmund, Edward, Hermengild u. A. Die Insel der Heiligen, wie England genannt wurde. hat eine grosse Anzahl solcher hervorgebracht. Auch die Normannen hatten in den ersten Zeiten ihre besonderen Schwüre: sie schwuren bei St. Denis, bei Ste Geneviève, bei St. Michael, beim Gürtel des St. Christoph etc.

Manche Schwüre wie: „by St. George and the dragon!"
wurden von Sachsen und Normannen gebraucht. Französische
Ausrufe sind später in alle Klassen des Volkes gedrungen,
wie: parde (pardieu), parfay oder parfeie (par ma foi),
mafeie (ma foi), unter den normännischen Rittern sehr gebräuchliche Ausdrücke. Aus grand merci, ebenfalls sehr
gebräuchlich, wurde gramercy, das im Sinne von „Himmel!"
„der Tausend!" bei Chaucer und Langland oft vorkommt.
Ein Fluch der Normannen in England zu der Zeit, als das un-
glückliche Sachsenvolk blutend unter den Füssen des räu-
berischen Eroberers lag, war: By God, I will consent that
you shall hold me a Saxon! I will be called a Saxon! — Der
Jäger schwur „by St. Hubert!" Der Räuber und Dieb
„by St. Nicholas!" Der Kaufmann „by Sanct Thomas of
Inde!" Man schwur nicht nur bei den Heiligen, sondern
auch bei ihren Knochen, ihrem Schrein u. a.: by Seint
Paules belle! by the schrine of St. Thomas of Kent! by
the precious corpus Madriani (Reliquien von St. Mater-
nus)! by the Holy cross oder rood of Bromeholme oder kurz-
weg: by the holy rood!* by the cross, which Seinte Heleine
found! Komisch ist es, wenn Chaucer in seinem „house of
fame" den Vogel Jupiters. den Adler, schwören lässt: by
Seinte Jame! und by Seinte Anne!

Von kirchlicher Abstammung sind ferner die alten Interjectionen: fay (französisch foi), by my oder by thy faith!
die bei Chaucer oft vorkommen; ferner: by my salvation!
up oder by peril of my soule oder life! by my oder by
thy life! by my troth! by my father's kin (kindred)! by
my father's soule! Sehr oft wurde bei der Seele gefeierter
Nationalhelden geschworen: by the soule of Hereward! by
the soule of St. Edward! — By my halidome! (Halidome
heisst neben „Heiligkeit" auch Reliquie). In den englischen
Gilden des Mittelalters schwur man gewöhnlich: by God my
halidome! Oder as God you help and halydome! Wahrscheinlich war das eine Reliquie, die die Gilden oder ihre einzelnen Mitglieder besassen und worauf sie schwuren. — Das

---

* Bromholme war eine Priorei in Norfolk.

Wort benedicite wurde früher, u. a. von Chaucer, wohl in Folge des Misbrauchs von Seiten Geistlicher und Mönche, oft, selbst in niederen Classen, ganz oder in Abkürzung bencite, als Ausruf im Sinne von „Himmel noch einmal!" oder „Potz Tausend" gebraucht.

Kirchliche Betheuerungen wurden von frommen Seelen verstümmelt, um ihnen bei profanen, emotionellen Flüchen den blasphemischen Charakter zu nehmen. Bei Shakspeare und anderen älteren Autoren finden wir eine grosse Zahl solcher Verstümmelungen, von denen viele sich bis auf heute vererbt haben. Verdrehungen des Wortes God sind: Gad, Ad, Cod, Od, Ud. Cot, Cut, Cog, Cock; by God wird Egad, Ecad; Lord wird Lud, Lor oder Lawk (Lawks a mussy d. h. Lord have mercy); Jesus wird Gys; Mary wird zu Marry, Lady zu Leddy, Ladikin. Lakin; St. Gingoulph zu Jingo, Jinkers. Aus dem Ausrufe: By God's blood wird: S'blood! blood! Aus God's body wird 'sbodikins, oder bodikins! Aus God's bones wird Cock's bones! (Dieser Verdrehung bedient sich bei Chaucer ein Küchenmeister.) Aus God's bones wird books und Zooks! Aus by God's heart! wird Od's heartlings! Aus God's lid wird 'slid! Aus God's life wird Olds lifelings! Aus by God's light wird 'slight! By God's death wird 'sdeath! by God's pity wird Od's pitikins, aus by God's sanctities wird sonties! By God's wounds wird by Cog's wouns, Cog wounds, 'swounds, Zounds! Es kann wol keine andere Sprache eine so grosse Anzahl von solchen Verdrehungen aufweisen, welche mit obiger Liste noch lange nicht erschöpft sind.* Auch hat es Flüche gegeben, die bestimmt waren, solche feierliche Schwüre lächerlich zu machen, wie unter andern ein Fluch, den wir in Chaucer's: The Rime of Sire Thopas finden: „by ale and bread" (bei Bier und Brod)!

An profanen, eigentlichen Flüchen fehlte es ehedem auch nicht. Ich will deren nur einige anführen, von denen die meisten aus Chaucer sind: Curse God his bones! Jesu

---

* S. Koch, Historische Grammatik der englischen Sprache Bd. II, Buch 9, § 570.

short thy life! Tell on a devil way!* A twenty divel way!
The foule fend me fetche! The fende thee confounde! The
devil so fetche him! The foule fende him quelle (kill)!
Devil of helle! The devil out of his skinne him torne! A
hundred thousand curses on you! The devil burst them!
The curse of St. Withold upon them (auf die Normannen)!
The devil draw the teeth of him! A murrain (Pest) take
thee! The mother of mischief (des Teufels Mutter) confound
him! Fiends of hell! A plague on thee! May the foul fiend
fly off with thee!** In den Interjectionen damn me! bless
me! ist das Wort God ausgelassen.

Im Alt-Englischen gab es noch eine Art parenthetischer
Fluchrufe mit with im Sinne von by, mehr oder weniger
ernst genommen, z. B. with sorwe (Leid)! with mischance
(Unglück)! with misaventure (Unglück)! Diese heissen
soviel als as God give me sorwe! u. s. f. Ähnliche sind: with
evil prefe (d. h. evil may it prove)! with harde grace!
with sory grace!

Obwohl eigentlich feierliche Schwüre nicht in den Be-
reich meiner Arbeit gehören, so kann ich doch eine gewisse
Art derselben nicht übergehen, weil sie sie zu profanen
Fluchausrufen führten. In den Zeiten des Ritterthums wurden
feierliche Schwüre bei irgend einem edeln Vogel ausgesprochen, bei einem Pfau, bei einem Fasan u. ä. Matthew
von Westminster erzählt: „Als König Edward I. im Begriffe
war, seine letzte Expedition nach Schottland anzutreten, liess
er in pompous glory zwei Schwäne vor sich bringen, mit gol-

---

* Way = wenigstens, in Beziehung auf die Zeit, in der ein
gewisser Raum durchlaufen werden kann.
** Hier mag ein älterer englischer Name des Teufels und heu-
tiger Fluchausruf Erwähnung finden: the deuce; ein Wort von zweifel-
hafter Abstammung, das aber wahrscheinlich mit dem deutschen „Daus",
wohl auch mit den gallischen Dämonen dusii zusammenhängt und ursprünglich ein zweideutiges, bald gutes, bald böses dämonisches Wesen
bezeichnete; s. Müller, Etymol. Wörterbuch d. engl. Sprache, 2. Aufl.,
1. Theil, S. 327 f. Vielleicht hängt damit das in deutschen Flüchen eu-
phemistisch für „Teufel" gebrauchte „Tausend" zusammen?

denen Netzen bedeckt, und sprach einen Schwur: bei Gott
und den Schwänen!*

Der Engländer hat im allgemeinen Sprachgebrauche
wenige Betheuerungen, Fluchausrufe und Flüche, die sich auf
heidnisch-germanische Zeiten zurückführen lassen, während der Deutsche deren noch manche besitzt. Es ist indess
anzunehmen, dass im Volksmunde, besonders im Norden,
noch manche alt-heidnische Fluchausrufe fortleben.**

Eine alte, ohne Zweifel heidnische Betheuerung ist:

By oak (Eiche) and ash (Esche) and thorn (Dorn)!

Eiche. Esche und Dorn waren den Germanen heilige Bäume.
Die Eiche war Donars heiliger Baum; sie wurde als Grenzscheide gesetzt; zu ihr wallfahrteten Kranke. Aus der Esche
entstand das Menschengeschlecht. Sie war der Baum des
Lebens. Heute noch hält es das niedere Volk in Staffordshire für gefährlich, den Ast einer Esche abzubrechen. Auf
Dornhürden wurden die Leichen der Germanen verbrannt.***
Der Hagedorn, Donar geheiligt. galt später als ein Symbol
der Leichenverbrennung, und Hagedorn wurde auf Leichenhügeln der Verbrannten gepflanzt. In England galt er lange
als heilig. In einer Note in dem „Statistical Account of
Scotland"† heist es: „Es gibt einen Hagedorn, für den die
Leute eine abergläubische Verehrung hegen. Sie haben eine

* Schon bei den Angelsachsen wurden auf den Schwan, wie
im Norden auf den Eber Freys, Gelübde abgelegt. Der Seegott Njördhr
galt, wie Odin, als der Bewahrer der Heiligkeit der Eide. Ihm waren
die Schwäne geheiligt. Daher wohl der Brauch, bei ihnen zu schwören.
Noch im 17. Jahrhundert waren auf der Themse über 2000 Schwäne.
Schwere Strafen wurden auf ihre Beschädigung gelegt.

** Einen derartigen Rest s. in S. 55 Anm.

*** Die Nordgermanen warfen die zum Tode Bestimmten in die
Dornen. Daher kommt offenbar der westfälische Droh-Ausruf: „Du
kommst noch auf den Dornbusch." (Mannhardt, a. a. O. S. 10). In Walter
Scott's Antiquary (C. 33) ruft das alte Weib Elspeth vor ihrem
Tode: „Befehlt, den Dorn, die Hagebutte und die Stechpalme zu sammeln, sie haushoch aufzuthürmen und verbrennt die alte
Hexe Elspeth!" Auch im Märchen vom Dornröschen ist die verzauberte
Jungfrau, die im Todesschlaf liegt, von einer Dornhecke umgeben.

† S. Karl Blind, Fire-Burial among our Germanic Fore-fathers;
London 1875.

tödtliche Furcht, irgend einen Theil davon abzuhauen oder
zu schneiden, und behaupten mit einem religiösen Entsetzen,
dass einige Personen, welche die Verwegenheit hatten, denselben zu beschädigen, nachher für ihr Sacrilegium bestraft
worden seien."

Eine andere trilogistische altheidnische Betheuerung ist:
By sea (See) and earth (Erde) and sky (Himmel)!*

Von Flüchen und Fluchausrufen heidnischen Ursprungs
sind mir nur wenige bekannt. Ein Name des Teufels ist
Nick, Old Nick. Dass dieser Ausdruck heidnischen Ursprungs
ist, habe ich schon in der letzten Abtheilung der Schimpfwörter gezeigt. Der Schwur oder Fluch bei alten Autoren:
by St. Nicholas! scheint oft nur ein Teufelsfluch zu sein und
eigentlich by Nick zu heissen, der damit canonisiert wurde.
Bei St. Nicholas schwuren und fluchten ehedem die Räuber
und Diebe. Der Heilige war ihr Patron und sie hiessen auch
Clerks (Priester) des St. Nicholas. Der deutsche Pelznickel, der Vetter des englichen Old Nick, der am St.
Nicolaustage den Kindern seinen Besuch macht, wurde mit
dem Heiligen in eine ähnliche Verbindung gebracht wie Old
Nick.**

---

* Die See wurde personificiert durch den Seegott Oegir,
mit dessen Namen dieselbe oft bezeichnet wurde. Er ist ein grau-
ser, schauerlicher Gott, dessen Gattin Rân alle ertrunkenen Menschen
anheim fallen, wie die auf dem Lande Gestorbenen der Hel und die
in der Schlacht Gefallenen der Freyja. Die Erde wurde durch mehrere
Göttinnen personificiert, aber auch durch Götter, der Himmel durch die
höchsten Götter, wie Wodan, Ziu, Donar u. a.

** St. Nikolaus ist einer der gefeiertsten Heiligen in der rö-
mischen sowohl als griechischen Kirche, und ihn würden Diebe und
Räuber ohne jenen altheidnischen Anklang am wenigsten zu ihrem
Patron erwählt haben. Der Martyrolog sowohl, als das auf ihn sich
beziehende Vorlesestück im Brev. Rom. VI. Dec. 6, erzählt merkwürdige Wunder von ihm, deren ich hier zwei anführe. Sofort nach seiner
Geburt, als man ihn in das Waschbecken bringen wollte, stand er aufrecht auf seinen Füssen und blieb 2 Stunden aufrecht mit gefalteten
Händen stehen. Schon als Säugling war er so streng, dass er an Fast-
tagen, am Mittwoch und Freitag, nie an der Mutter Brust Milch sog.
Letzteres erzählte er selbst.

Der alt-englische Ausruf: Take heed to yourself, for the devil is unchained! (Gib Acht, der Teufel ist los!) ist heidnischen Ursprungs und bezieht sich auf Loki, wie ich später erklären werde.

Das sehr vulgäre englische Fluchwort „bloody" (blutig) bildet unter dem niedern Volke so zu sagen ein Fundament der Sprache und wird gleichbedeutend mit damned gebraucht, nur häufiger als letzteres. So bedeutet z. B. bloody fellow und damned fellow ganz dasselbe, nämlich: verdammter Kerl. „A bloody fine fellow," oder „a bloody clever fellow" heissen so viel als „ein verflucht oder verdammt schöner. oder geschickter Kerl". Ich weiss nicht, wie weit die Spuren dieses Fluchwortes zu verfolgen sind, ob es alt oder mehr modern ist. Es erinnert mich aber unwillkürlich an die altangelsächsischen heidnischen Opfer.* Blôt-karl bezeichnete einen heidnischen Priester, blôt hiess Opfer. Das Wort Opfer ist neuere Bildung; die alte. sowohl deutsche und angelsächsische als nordische Bezeichnung dafür ist blôt. Blôtan hiess soviel als Gott mit Opfern verehren.**

Ein schottischer Fluchruf: ye donnart ould deevil! könnte soviel als „verdonnerter" d. h. verdammter alter Teufel heissen. Die Bedeutung von „dumm", die donnart heute hat, liesse sich mit „dummer Teufel" in Beziehung bringen.

ALTDEUTSCHE FLÜCHE.

Die alten Deutschen. gerade wie andere Völker. schrieben den Flüchen und Verwünschungen eine besondere Kraft zu. Die mittelhochdeutschen Dichter sagten: „tiefe fluochen",

---

* S. Grimm, Mythologie, S. 29 u. 30.

** Diese Wörter haben aber mit „Blut" nichts zu schaffen, „bloody" müsste also, falls meine Conjectur richtig ist, eine Art fälschlicher Volksetymologie mit Anklang an blood = sanguis sein. Für meine Annahme möchte weiter sprechen, dass das Wort bless „segnen", wenigstens das Particip blessed, auch im Sinne von „verfluchen" (damn) vorkommt; bless aber ist wohl aus jenem blôt abgeleitet, s. Grimm a. a. O. und Nachtr. S. 23.

„swinde fluochen", „zornvluoch". „Ich brach des vluoches
herten kiesel" deutet die Gewalt des Fluches an. Der
nüchtern vernommene Fluch wirkt am heftigsten.*

Der Fluch fasst den Menschen wie eine Zange: „uns
twinget noch des fluoches zange". Die Flüche
haften, treffen ein, kleben. „Sollten alle vlücche
kleben, ez müeste lützel liutes leben." Der Fluch verbrennt. Flüche fliegen aus und kehren wieder heim, wie
der Vogel ins Nest. „Die Flüche flohen um die Wette"
(Günther 163). Mächtig ist besonders der Fluch des Ster-
benden. „Des Vaters Segen baut ein Haus, der Mutter
Fluch reisst's wieder aus." Der Fluch der Mutter ist
unabwendbar. Wirksam ist auch der Fluch der Pilgrime,
des Priesters. Der Fluch sehr alter Leute, die Gott
fürchten. thut Gottlosen Schaden. Bemerkenswerth ist, dass
man verächtlich von „altes wîbes fluochen" sprach.

Die Wildheit und Stärke des Fluchens wird durch verschiedene derbe Wendungen ausgedrückt. „Er fluchte, dass
es grausam war." „Er hub ein Gefluch und Schelten
an. dass kein Wunder, das Schloss wäre versunken."
„Fluchen, dass es Steine gen Himmel sprengt." „Er
schwur, dass sich der Himmel möchte bücken." „Fluchen
dass es donnern möchte, fluchen dass die Balken
krachen." „Schwören, dass die Kröten hüpfen." „Es
regnet und schneit alles von Sacramenten und Fluchen."
„Er flucht dem Teufel ein Bein weg und das linke Horn vom
Kopf." „Er flucht ihm die Nase aus dem Gesicht."

Die Flüche, die Gott als fluchenden, verderbenden anrufen, sind die feierlichsten: Daz ez got verwâze (ver-
fluche)! Sô sî ich verwâzen vor gotes ougen! Daz in
got von himele immer gehœne! Daz dich gotes
kraft schende! Got sende an mînen leiden (verhassten)
man den tôt, daz ich von den ülven (Tölpel) werde en-
bunden (erlöst)! Swer des schuldig sî, den velle got
und nem im al sîn êre!

---

* Grimm, Mythologie, S. 1026 ff. Das Folgende besonders nach
den Nachträgen dazu, S. 366 ff.

Nach Gott kommt der Teufel in zahlreichen Flüchen
vor. Man schwört bei seinem Namen, seiner Ehre, man
wünscht einen in des Teufels Hand, Geleite, man wünscht
den Teufel in Mund, Rachen etc.
Auch Thierflüche sind häufig. Der wilde Bär soll
einen kratzen. Die Wölfe sollen ihn fressen oder nagen,
die Vögel, Geier, Raben u. a. fressen. Man wünscht einem
den Butz auf den Leib, man verflucht in finstere Wäl-
der, Bäche, tiefe Seen und Meere.
Blumen und Vogelsang sollen den Verfluchten meiden.
Freude soll sich in Leid verwandeln, dass Tod über ihn
komme oder Krankheiten und Schmerzen. „Nu iz dir den
grimmen tôt! des ertrenke iuch ein wolkenbrust! Wolde
got wære dîn houpt fûl (in der Erde)! Daz dich æzen die
maden! Daz die ougen im erglasen! Sô er müeze erknûren
(zu Stein werden)! Hin ze allen sühten! Sô dich diu suht
benasche! Daz dich ein veigez (todbringendes) jâr müeze
ane komen! Daz dir hût und hâr abe gê! Der nîder schar.
daz die vor kilchen (vor den Kirchen, d. h. in ungeweihtem
Boden) lægen!" Man wünschte Krankheiten über alle Körper-
theile, Ohren. Zunge, Augen, Glieder u. s. w. Nicht selten
war es, dass man einen tief in die Erde. in Berge verfluchte,
„hunderttausend Klafter tief", „so tief. als ein Hase in zwei
Jahren laufen kann", „so tief, dass kein Hahn mehr nach
einem kräht"; letzteres heisst wohl „so tief, dass man den
Hahn nicht mehr krähen hören kann" und hat sich ja in sehr
abgeschwächter Bedeutung bis heute erhalten.
Ein mittelhochdeutsches Gedicht hat folgenden ener-
gischen Fluch:
„Daz dîn wîp got von dir læse! vische. vogele, würme,
tier mit liuten dîner vröuden burc erstürme! Gnâde in allen
landen sol dir sîn gehaz! Dich mîde gruoz von allen guoten
vrouwen, dîn sâme und ouch dîn sât verdorre unsüeze, sô
Gelboê der berc von allen touwen verteilet ist. der vluoch
dir haften müeze!" In neuhochdeutscher Übersetzung: „Dass
dein Weib Gott von dir trenne; Fische, Vögel, Würmer.
(vierfüssige) Thiere sammt Menschen deiner Freuden Burg
erstürmen! Gnade in allen Landen soll dir feind sein! Dich

meide Gruss von allen guten Frauen! Dein Same und auch
deine Saat verdorre unsüss! So wie Gilboa, der Berg, alles
Thaues verlustig erklärt ist. Der Fluch möge an dir haften!"

Folgender Fluch ist aus der Edda übersetzt: „Neun
Rasten (Meilen), wünscht' ich, lägst du tief unten, und es
wüchsen dir Tannen-Nadeln auf der Brust!" (d. h. mögest
du begraben sein).

Die Inschriften auf Gräbern fügen zuweilen am Schluss
einen Fluch gegen den bei, der den Stein abwälze oder fort-
trage: „er werde zu Rost", „Unheil treffe ihn". „Verrostet
werde (d. h. verflucht sei), wer diesen Stein wegwälzt!" So
endigen auch die lateinischen Urkunden des Mittelalters mit
Verwünschungen des Übertreters; diese sind aber biblischer,
kirchlicher Art.

Wie sonst beim Säen gebetet und gesegnet werden
soll, so gibt es einige Kräuter, die unter Flüchen gedeihen.
Von ähnlichem Aberglauben spricht Plinius. Fischart sagt
(Garg. 244 b): „Diss fürmans gebett treibt schif und wagen,
ein hauptmansfluoch etzt durch neun harnisch. Ich könt
dannoch wol basilien, quendel und kressen setzen, dann dieselben vom fluchen gedeien. Darumb wards jenes mannes
enschuldigung bei dem richter, warumb er sein weib gereuft
hette, nemblich darumb weil er hat rauten setzen müssen!"

Es gab auch noch andere Schwurarten, feierliche Be-
schwörungen von Menschen, Geistern, Gräbern u. a., deren
Erwähnung aber nicht zu meiner Aufgabe gehört.

FLÜCHE DES 15. UND 16. JAHRHUNDERTS.*

„Ich weiss nit" — sagt der alte Agricola — „was
andre nationen für schwürflüch haben, aber das weiss ich,
dass wir Teudtschen grewliche, hessliche flüche und schwür
haben, und der über auss vil." Mit diesen Worten will ich
die folgende Liste eröffnen.

---

* Die meisten Flüche dieser Abtheilung sind Johann Agricolas
erster deutscher Sprichwörtersammlung (1558) entnommen. J. Bäch-
tolds 1878 erschienene schöne Ausgabe der Werke Niclaus und H. R.
Manuels hat mir Gelegenheit gegeben, die Liste etwas zu vergrössern.

„Das dich die Raben fressen!" d. h. dass du am Galgen sterbest. — „Das dich 's Ertrich schluck oder frässe!" — „Das dich ein bös Jar ankomme!" — „Das dich alles Unglück bestehe!" — „Das dich das Hertzleyd bestehe!"

„Das Falbel gehe dich an!" Dieser Fluch war früher in Sachsen und Thüringen gebräuchlich. Falbel bedeutet fallendes Übel.* Derselbe gute Wunsch besteht noch in niederdeutscher Form: „dass dich die Gnücken rühre!" Gnück ist niederdeutsch und heisst Stoss (Fallsucht). Auch in der Pfalz flucht man noch: „Krieg die Kränk!" Kränk bedeutet ebenfalls fallende Sucht, wie das englische crank. „Hüp, hüp, das fallend Übel auf die Ripp!" wünschte man sich gegenseitig in den guten alten Zeiten.

„Das dich Sanct Velten ankomme oder schende!" bedeutet dasselbe, nemlich das fallende Uebel. Sanct Velten ist Valentin. Agricola sagt: „Sanct Valtin (ist anders jrgent ein heylig im Himmel, der also heysst) apotekerknecht ist." Von den männlichen und weiblichen Heiligen bildeten viele eine medicinische Zunft, in der jedes Mitglied eine gewisse Specialität ausübte. Valentin kam zu der seinigen wohl durch den Anklang seines (deutsch ausgesprochenen) Namens an „fallen".

„Das dich die Pestilenz ankomme!" — „Das dich die Plage bestehe!" — Plage bedeutet grosse Seuche, grosse Krankheit.

„Der Gähritten gehe dich an!" „Das dich der Rito schütt!" „Das Got dem kargen Schelm den Rito geb!" „Das

---

* Hier ist Einiges über die früher so häufigen Anwünschungen von Krankheiten zu sagen. „Krankheit" ist neu; die alte Bezeichnung ist „Sucht". Im christlichen Sinn war die Krankheit eine Schickung Gottes, im heidnischen eine Einwirkung der Götter, Elben, Zauberer. Die Krankheiten wurden daher, gleich Tod und Schicksal, p e r s o n i f i c i e r t als einzelne feindselige Wesen, die den Menschen überfallen, anpacken, überwältigen. Gegen solche von Göttern oder Dämonen gesandte Seuchen gab es besondere Heilmittel, die zunächst ebenfalls von höheren Wesen ausgiengen. Die Stelle solcher höherer heilender Wesen nahmen später in der Kirche des Mittelalters einzelne Heilige beiderlei Geschlechtes ein, die in besonderen Schmerzen und Nöthen für jedes Glied des Leibes angerufen wurden.

im der Ritt das Herz abschitt!" „Das dich der Ritt als Un-
flats schütt!" „Gott geb dem Leben (das ich führen muss)
schier (bald) den Ritten!" „Das dich der Ritt in die Knoden
schütt!" „Habe den Riden und die Sucht umb dinen Hals!"
„Der Jarritt gehe dich an!" „Ich liess sie den Jarritt schütten."
Diese Flüche kamen im 15. und 16. Jahrhundert vor. Der
Rite, Ritten oder Rito bedeutet das Fieber, besonders das
kalte. Man ist versucht, das Wort von ríten „reiten" ab-
zuleiten: die Krankheit reitet wie ein Alb auf dem Menschen.
Leider wird diese schöne Erklärung minder wahrscheinlich
dadurch, dass das Wort ursprünglich mit hr begann. Der
Ritte wird auch personificiert: „ins Ritt Namen habt Rhu!"
„wo führt ihn der Ritt her?" ähnlich wie: wo führt ihn der
Teufel her? — „Jarritt" heisst das ein Jahr lang dauernde
Fieber.*

„Das dich das Parle rühre!" heisst: die Paralyse rühre
dich. Es war diess ein Lieblingsfluch der Franken und Voigt-
länder.

Ein ähnlicher Fluch war: „das dich der Tropff schlage!"
Tropf bedeutet Schlagfluss. Agricola meint, dass dieser Fluch
aus einer alten Ansicht entstanden sei, nach welcher der
Mensch im Gehirn drei Tropfen hätte, einen rechts, einen links
und einen in der Mitte. Wenn der linke fällt, so erlahmt
die linke Seite, ebenso beim Fall des rechten die rechte; fällt
aber der mittlere, so stirbt der Mensch. Die Priester ver-
kauften Wasser gegen diese „Tropfen". Der himmlische
Apotheker St. Anton gab dem Priesterwasser Wunderkraft.
Seine Anhänger predigten im Lande die Theorie der drei
Tropfen. Kommt etwa daher der Ausdruck: „armer Tropf",
gleichsam ein vom Schlagfluss gelähmter?

„Die Drüss gehe dich an!" „Hab dir Drüs und Beulen!"
Drüs bedeutet eine Schwellung verschiedener Drüsen, wie
man heutzutage von skrophulösen Kindern hören kann, dass
sie „Drüsen haben". „Drus". „Truos", „Drüs" bedeuten
auch „Seuche", „Pest". „Dros" ist aber auch ein Name, der
dem Teufel gegeben wurde. Im Niedersächsischen und West-

---

* S. Grimm, Mythologie, S. 966 u. Nachtr. S. 337.

fälischen gelten die Worte: Drôs (de Drôs in der Helle),
Dross, man betheuert „bim Drôs!" und flucht „dat di de
Drôs slâ!" *

Andere Flüche, welche Krankheiten anwünschen, sind:
„Das dich d' Franzosen schend!" „Das dich Bül (Beule)
aller Suw (Sau) anstoss!" „Gott geb dir den Rangen (mhd.
rankorn, die Bräune der Schweine)!" Ein ganzes Register
von solchen Anwünschungen aber entnehme ich dem erwähnten Niclaus Manuel; bezeichnend mag sein, dass dieselben einem alten Weib in den Mund gelegt sind.

„Ei, dass dich alle Plag und Straf angang,
Die auf Erd sind kon (gekommen) sit der Welt Anfang!
Pestilenz, Bül, Platern, Lemen, Potegran,
Gsücht und Krampf, Sant Töngen (des h. Antonius) Rouch gang
dich an!
Der vallend und frölich Siechtag werd dir ouch!
Das dritägig kalt We, der hellische Rouch,
Schlier (Geschwüre), Eissen, Hüsten, Fluss, Toubsucht,
Flö, Lüs und Figwerzen syen din Frucht,
Löcher, Zan und Ougenwe,
Grimmen im Buch und noch me!
Das Rad, der Galgen si din Grab!
Den Grind, den Stich, die Rüden (Krätze) hab,
Den Wurm an allen Fingren und Glidern!
Dir werde ewig nimmer Friden!
Die Fistlen, Löcher, Ölschenkel (Ausschlag an den Schenkeln) gross,
Die Wassersucht, Plag on Underloss
Werd dir ewig nimmer ab!
Die Hell si din letstes Grab!
Das Gegicht, den rissenden Stein, die Maletzy (Aussatz)"
. . . .

worauf des also Angefluchten Vater nicht unpassend er-
widert:

„Ich mein, der Tüfel si dir im Grind!
Alle Flüech, die uf Ertrich sind,
Die hastu minem Sun geflucht.
Du alte Brecken (Hündin), bist verrucht"
. . . . **

---

* S. Grimm, Mythologie, S. 838.
** Siehe Manuels Posse „Elsli Tragdenknaben", Z. 107—137; Biblio-
thek älterer Schriftwerke der deutschen Schweiz und ihres Grenzge-

Der Fluch „das du müssest toll, rasend und unsinnig
werden!" veranlasst Agricola zu folgender Bemerkung: „Es
seind die flüch also gemein under uns teutschen, dass wir
ihr auch underweilen gebrauchen zum schertz. wenn wir mit
guten freunden reden, als einer kompt zum andern, sie
seind vättern, schwäger, öhem und brüder, und haben
einander lang nit gesehen, sonderlich im Voytland, so ent-
fähet einer den andern: Nun wol einher in aller teuffel
namen! Sihe mein gesell, das dich der tropff schlag, das du
must rasend und unsinnig werden, wo bistu so lang gewesen,
wie lang hab ich dich nit gesehen, wie gehts, wie stehets?"

Auch die verderbliche Gewalt des Wetterstrahls wird
angewünscht, wie noch jetzt: „Dass dich der Tonner schiess!"
„Der Donder dich als Keiben schüss!"

„Hettestu an einem Beyne das ich dir gewünschet hab,
du würdest nirgend hingehen!" — Über diesen sonderbaren
Ausruf sagt Agricola: „In einem zorne fluchen wir underweilen einem, das uns hernach leyd were, dass demselbigen ein
leyd widerfaren soll. Wenn aber der zorn über ist, so sagen
wirs jm mit den worten, h e t t e s t d u a n e i n e m b e y n e
u. s. w., gewinnen also die ersten klage, auff dass er es für
kein ernst halte, wenn es jrgend für jn keme."

„Was du mir fluchest, das gehe dein Halss an!" war
die Entgegnung solcher, die nicht mit Fluchen erwidern
wollten. *

Nicht klein ist bei der Derbheit jener Zeiten das Gebiet, das die o b s c ö n e n Anwünschungen einnehmen. Manche
derselben haben sich bis auf unsere Tage erhalten, die scheusslichsten aber sind vergessen. Sie blühten zur Zeit des 30-
jährigen Krieges, nicht nur unter dem niedern Volke und
unter Söldnern, sondern an Universitäten und selbst an Höfen.
„Foetida vomit" sagt Abraham a Santa Clara von einem so
fluchenden Manne.

_____

bietes, Band 2, S. 261—263. An derselben Stelle mag man eine ähnliche Liste von Flüchen vergleichen, welche der Herausgeber aus Hans
von Rüte angeführt hat.

    * Wie der Grieche eine gegen ihn ausgestossene Verwünschung
mit σοὶ εἰς κεφαλήν erwiderte.

Über folgende „Gottesflüche" ist Agricola ganz aufgeregt und sagt: „Ich erschrick darfür dass ichs nennen und schreiben soll."

„Das dich Gotts Marter schende!" — „Das dich Gotts fünff Wunden schende!" — waren, nach Agricola, Flüche die in der Schweiz und Schwaben gemein waren, wie auch — so sagt er — „den Landßknechten und Kriegsgurgeln." „Aber auch" — setzt er hinzu — „bei mannen, weibern, bei jung und alt, war der fluch gemein."

„Das dich Gotts Sacrament schenden!" — „Ich wil dich elementen, man sol dich sacramenten!" hiess so viel als: ich will dich so schlagen. dass du das Sacrament begehen, das heisst, dich zum Tode vorbereiten must.

Andere Gottesflüche waren: „dass Gott deinen Leib schende!" „Das dich Gott schende!" d. h. dass er dich in die Hölle stosse. „Das dich Gotts Leichnam schende!" d. h. beim Abendmahle.

Der Name Gottes wird auch entstellt, um keinen Frevel mit seinem Misbrauch zu begehen (s. o.): „Dass üch Botz Houwbank (= ?) schend!" „Dass üch Götz uf ein Hufen (Haufen) schend!"

Durch den Fluch „das dich der Teufel schende" wurde auch die Hilfe des letzteren herbeigerufen. Ähnliche Flüche sind: „Das dich das hellisch Fewer verbrenne!" „Dass üch der Tüfel uf ein Hufen schende!" — „Dass in's der Tüfel müesse gesegnen!" — „Der Tüfel brech dir den Hals ab!" — „Far hin in aller Tüfelen namen, Du müessest erblinden und erlamen!"

Es lässt sich wohl denken, dass auch die Heiligen sehr oft in den alten Flüchen figurierten. Ich will von solchen „Heiligen-Flüchen" nur noch eine kleine Anzahl ausser den paar schon erwähnten anführen.

„Das dich Sanct Veits Tantz ankomme!" ist ein Wunsch, der keiner weitern Erklärung bedarf. Sanct Veit ist einer der 14 Nothhelfer, dessen Specialität es ist, den Veitstanz zu curiren.

„Das dich Sanct Urbans Plage bestehe!" „Das dich St. Urbans Leiden!" waren keine so schlimmen Flüche. Ur-

ban ist der Patron der Säufer und sein Leiden ist die Be-
trunkenheit. „Sanct Urban" — sagt Agricola — „wird von
den Francken darfür gehalten, als die Heyden etwan Bacchum
hielten, der des weins wartete, und ist gewonlich bei jnen,
das wo es auff seinen tag regnet, so werffen sie sein bilde
in die bach; denn sie meynen, wo es an seinem tag regnet,
so werd der wein nit wol gerhaten. Es seind andere, die
halten nit so vil sanct Urbans tag, sondern sanct Medardus
tag, und ist ein aberglaub eben wie der ander, und wie wol
Bonifacius und Kilianus die Teutschen mit gwalt gezwungen
haben zu des Bapsts glauben, so ist's doch nit besser worden. Denn der Bapst hat auß den heiligen Götter gemacht,
wie die Heyden zuvor auch gethan haben. Sanct Margareta
ist Juno worden in kindsnöten, Rochus ein wundarzt, Loy
ein pferdarzt, Cosmas und Damianus, apoteker und bal-
bierer; Aesculapius und Podalyrius, Sanct Urban, Bacchus;
und des teuffels dreck über auß vil. Sanct Urbans plage,
ist eine Teutsche plage, nemlich, das sich einer voll sauffe,
und mache eine sewmale." --

„Das dich Sanct Anton ankomme!" — Anton gehört,
wie Veit, zu den 14 Nothhelfern, und seine Specialität ist,
das kalte Fieber zu heilen. Er war es, wie erwähnt, der
dem Wasser gegen den „Tropfen" Wunderkraft verlieh.

„Das dich Sanct Kürin ankomme!" — St. Quirinus ist
ein anderer Himmelsdoctor und Nothhelfer, welcher vor
Krankheiten bewahrt, und, dem Fluche nach, dieselben Krankheiten auch verleiht.

„Das dich die vier Bottschaft ankommen!" war ein
Fluch des 15. Jahrhunderts und bezog sich auf die Missionen
von vier Heiligen, die damals in Thüringen und im Harze
durch die Pfarrer eingeführt wurden, um Opfer in Fülle zu
erhalten. Diese Heiligen sind: Valentin zu Rufach, Ruprecht,
Quirin und Anton, von denen jeder ein Helfer für eine besondere Plage ist. Wenn Einer bei den 4 Botschaften fluchte,
so meinte er die 4 Plagen, welche obige Heilige, gegen Be-
zahlung natürlich, wie ihre irdischen Collegen, heilten.

Ich will diese Liste alter Flüche, deren weitere Ausführung ermüden möchte, mit noch einigen ehemals sehr ge-

bräuchlichen Gottesflüchen, die man besser Gotteslästerungen
nennen könnte, schliessen.

„Gott gebe dir den ewigen Fluch!" war ein christlich-
kirchlicher Wunsch. „Das dich Gotts Lufft und Dufft schende!"
„Das dir nimmer kein guts geschehe!" wünschten sich gute
Nachbarn. „Das dich Gotts Angst schende!" ist ein abscheu-
licher Fluch, der nach Agricola sehr häufig und sogar von
Kindern gebraucht wurde. „Angst" bezieht sich auf die
Leidensangst Christi. „Das dich Gotts Krafft, Gotts Macht
schende!" war ein nicht minder frommer Wunsch, mit dem
ich diese Reihe beendige.

Die schlimmsten, scheusslichsten der Flüche jener Zeiten,
meist religiösen Inhaltes, hier wiederzugeben, habe ich weder
gewagt noch auch nur gewünscht. Gewiss meinten es die
Flucher, die so scheussliche Worte in den Mund nahmen,
meist nicht so bös; aber wir wollen froh sein, dieses Gebiet
absolviert zu haben. Minder wehthuend ist die Rohheit
s o l c h e r Flüche, welche nichts Böses anwünschen, sondern
nur, als Fluch-I n t e r j e c t i o n e n, heilige Namen zu sehr
profanen Zwecken misbrauchen. Ich gebe eine kleine Nach-
lese zu den schon oben einmal berührten, alle dem 16. Jahrhundert entnommen.

„O potz, potz flüchigen Fluch!" „Potz Werder willen!"
Durch potz Musdrecks willen!" „Botz Totenbaum!" „Getz
Maus!" „Botz Tuft!" „Gotz Mist!" „Sammer (= sam mir,
„so wahr mir", abgekürzte Schwurformel) botz Krampf!"
„Samer potz Hür!" „Samer potz Schäss!" „Verden Plůst
willen!" „Botz Verden, angstiger schwimer Wunden!" „Botz
Verden, katigen, treckigen Schweiss!" „Potz Marter Küri
Velti!"

Man mag unsere Zeit, welche sich von solchen Mani-
festationen ungezähmter Rohheit abwendet, der Prüderie und
Weichlichkeit zeihen; aber in jenen Rohheiten liegt nicht bloss
ungebändigte Kraft, sondern auch Mangel an sittlichem Feinge-
fühl. So mag es uns eine wahre Erholung und Erhebung sein,
zu den urwüchsigen, kräftigen, gesunden Flüchen überzu-
gehen, welche ihre Entstehung noch dem g e r m a n i s c h e n
Heidenthum verdanken. In diesem zeigt sich kräftige

Phantasie, starkes Wollen und sittlicher Tact schön verbunden; diese Eigenschaften hat auch die Verketzerung spä-
terer Zeiten nicht ganz verwischen können.

FLÜCHE DIE AUF DIE DEUTSCHE MYTHOLOGIE ZURÜCKGEFÜHRT WERDEN KÖNNEN.

Die christlichen Missionäre, welche den alten Germanen
die neue Lehre predigten, konnten die alten Götter nicht
so bald aus ihren Köpfen bannen. Sie liessen sie ihnen daher und schlugen zwei Wege ein, um dieselben mit der
christlichen Religion zu vereinigen. Heilige und Teufel, vielleicht beide selbst alte Reste polytheistischer Religion, dienten
dazu, um die altgermanischen Götter im christlichen Olymp
und Tartarus unterzubringen. Entweder also wurden die
alten Götter zu christlichen Heiligen oder sie wurden zu
Teufeln. Das erstere mag sich mehr unbewust im naiven
Volksglauben vollzogen haben; das letztere war das gewöhnliche Mittel der kirchlichen Praxis.

Man liess den Neubekehrten ihre religiösen Sitten und
Gebräuche, nur wurde diesen ein christliches Gepräge auf-
gedrückt. Die heimlichen Anhänger der alten Götter hiessen
nun Teufelsdiener, die Anbetung derselben hiess diobolgeld
„Teufelsopfer"; der Teufel und die alten Götter wurden in derselben Rangordnung aufgeführt. In den angelsächsischen
Gesetzen bedeutet deoflum geldan geradezu den alten Göttern
dienen.

In der Abschwörungsformel der Neubekehrten wurden
diese gefragt:

„Entsagest du dem Teufel?"

Antwort: „Ich entsage dem Teufel und allem Teufelsopfer, und allen Teufelswerken und Worten. Donar und
Wôdan und Saxnôte* und allen den Unholden, die
ihre Genossen sind." **

---

* „Saxnot", ein anderer Name des Gottes Ziu, erhalten in Ausrufen wie „meiner sechsen" (vgl. „mein six"), „Doner sexen" u. ähnl.
(s. u.).

** S. Grimm, Mythologie, S. 840.

Man stellte die alte Religion als sündhaft dar, einmal
um der neuen desto leichter Eingang zu verschaffen, dann
aber auch weil der Glaube an die Wirklichkeit der alten
Götter zu sehr in den Herzen wurzelte und nicht als absolut
nichtig geschildert werden konnte. Daher liess man dem
alten Glauben seinen übernatürlichen Charakter, nur versetzte
man Wodan, Donar, Ziu, Frouwa und alle übrigen Götter
vom Himmel in die Hölle.

Wie tief der alte Glaube im Herzen unserer Vorfahren
gewurzelt haben muss, ersehen wir aus den zahlreichen Spuren,
die derselbe bis heute im Volke gelassen hat, in Spielen,
Volksmärchen, Sitten und Gebräuchen, in Formen des Back-
werkes, ja selbst in Flüchen. Ich glaube nicht, dass irgend
eine der gebildeten Sprachen Europas eine solche Zahl von
Flüchen und Fluchausrufen aufzuweisen hat, die sich auf
heidnische Zeiten zurückführen lassen, als die deutsche.

Von (niederdeutsch) Wodan, (hochdeutsch) Wuotan
oder (altnordisch) Odin*, dem „Allvater“ der deutschen
Mythologie, sind wenige Flüche und Fluchausdrücke erhalten.
Er blieb wohl lange noch nach der Bekehrung zum Christen-
thum ein Gegenstand der Verehrung und mag oft mit dem
Christengotte zu einer Vorstellung verschmolzen worden
sein. Es bestehen indessen noch heute im Volksmunde Überreste des Wodanglaubens. Im Munde des niederdeutschen
Volkes. z. B. in Westfalen, lebt noch der betheuernde Ausruf: O Woudan! Woudan! und in Mecklenburg: Wod! Wod!
Wuotan lebte noch fort, entstellt in einen Wuotune und
wütenden Jäger. an der Spitze des wilden Heeres auf
weissem Rosse. Vormals bedeuteten die Ausrufe: „Zu Odin
fahren“, „bei Odin zu Gast sein“, „Odin heimsuchen“, so
viel als sterben. Unter den Christen wurden diese Worte
Verwünschungen, und an die Stelle Odins trat der Teufel.
Der Teufel ist an seine Stelle getreten als „Graumann“, als
gemantelter wilder Jäger, der durch die Lüfte fährt und trägt,
ebenso wenn er Menschen, die sich ihm vermachen, in seinen
Dienst aufnimmt. Ich möchte glauben, dass selbst Odins

---

* S. Grimm, Mythologie, S. 109 ff.

Dreieinigkeit, wenn dieser Ausdruck erlaubt ist, auf den Teufel
übergieng.

Odin heisst in altnordischen Denkmälern Thridi*,
d. h. der dritte; denn er erscheint entweder neben Hâr und
Jafnhâr (dem Hohen und Gleichhohen) als der dritte Hohe
oder der Höchste, oder auch neben seinen Brüdern Vili und
Ve, auch neben Hœnir und Lodr, und neben Hœnir und
Loki. In der Trilogie: Odin, Vili, Ve heisst Vili der Wille
oder Muth, Ve der Geweihte oder Heilige und Odin der
Alles durchdringende. Wie die deutsche Göttersage, so liebte
auch die Heldensage die Trilogie, und es treten unzählige
mal drei Heldenbrüder zusammen auf, wobei gewöhnlich dem
dritten die gröste Kraft zugeschrieben wird.

Auf diese altheidnische Trilogie scheinen mir mehrere
Teufelsflüche sich zurückführen zu lassen, wie diese: „In des
Dreiteufels Namen!" „Dass dir drei Teufel in den hohlen
Leib fahren!" „Dass dir neun Teufel in den hohlen Leib
fahren!" — alte Flüche, und der Fluch bei Shakspeare: „Auf
und davon wie drei deutsche Teufel!"

Neben der Zahl drei war die Zahl neun, drei mal drei,
eine heilige und magische. Odin trägt einen wunderbaren
Goldring am Finger, von welchem in jeder neunten Nacht
ebenso schwere Ringe niederträufeln. Der Seegott Oegir
erzeugte mit der Göttin Rân neun Töchter. Er lebte mit
seiner Frau neun Tage im Innern des Landes und neun
Tage am Meeresufer. Nach den nordischen Mythen hängt
Odin im Weltbaume neun Nächte, die wohl die neun rei-
fenden Monate bezeichnen oder neun kosmogonische Perioden.
Man findet die Zahl neun noch in Zaubersprüchen gegen
Krankheiten und Verrenkungen, im Kegelspiel. in den neun
Seuchen u. a. Auch die Engel wurden in der christlichen Kirche in drei Hierarchien und neun Chöre einge-
theilt. Von jeder dieser drei Hierarchien empörte sich ein
Drittel gegen Gott unter Anführung Lucifers. Es gibt
neun Himmel und neun Flüsse der Hölle. Vor einigen

---

* S. Grimm, Mythologie, S. 134 f. und 327.

Jahren noch hat ein angesehenes Mitglied der Landesgeistlich-
keit in einem öffentlichen Vortrage die Zahl der specifisch
mecklenburgischen Teufel auf vier mal neun tausend
(36,000) berechnet! In Macbeth verkünden die drei Hexen
den Zauberspruch als vollständig. nachdem sie gerufen haben:
„Thrice to thrice, and thrice to nine, and thrice again to
make up nine!" Diese Idee der Dreiheit finden wir auch
in den drei goldenen Haaren, welche der Teufel nach dem
Volksmärchen auf seinem Kopfe hat; es würde aber zu weit
führen, auch nur alle hervorragenden Beispiele solcher Drei-,
Neun- usw.-Zahlen aufzuführen.

Der Gott, von dem die meisten Flüche und Fluchausrufe herrührten, deren viele noch heute fortleben, war
Donar,* altnordisch Thôr, der deutsche Donnergott. Er
war ein Lieblingsgott der Germanen, besonders des niedern
Volks, während die Verehrung Wodans mehr Eigenthum der
höheren Kreise gewesen sein muss. Er sowie die ihm geheiligten Thiere und Pflanzen schützten vor und heilten von
Krankheiten. Er war ein Nothhelfer, und die christlichen Be-
kehrer, als sie ihn in die Hölle versetzten, vergassen nicht,
die ihm zugeschriebenen heilenden Kräfte auf christliche
Heilige zu übertragen.

Donar wurde mit einem rothen Barte vorgestellt, was
auf die feurige Lufterscheinung des Blitzes bezogen werden
muss. Es hüllte sich in einen rothen Mantel. Er hiess ein
schlanker. gewaltig-schöner, rothbärtiger Mann. Hilfsbedürf-
tige Menschen riefen seinen rothen Bart an. Dieser rothe
Bart Donars ist in den Flüchen der späteren Zeit bewahrt
worden, und zwar unter dem friesischen Volke: „Düs ruad-
hüret Donner regür!" (das walte der rothhaarige Donner!)
rufen noch heute die Nordfriesen aus.

Die rothe Haarfarbe Donars ging auf den Teufel über.
Ehemals war die rothe Haarfarbe, Donars Farbe, eine heilige,
und viele rothfarbige Thiere, Insecten und Pflanzen waren
ihm geheiligt und heilig. Unter den Germanen und einem
Theil der Gallier galt das rothe Haar als Schmuck, und sie

* S. Grimm, Mythologie, S. 138 ff.

pflegten sich das Haar mit einem Pflanzensafte roth zu fär-
ben. Erst als der rothe Donar zum Teufel geworden, scheint
gegen das rothe Haar ein Vorurtheil aufgekommen zu sein,
das heute noch fortlebt. Jetzt kam diese Farbe in Verruf;
wie der Teufel, so wurde auch Judas Ischarioth rothhaarig
gebildet. Der Name Rother ward in mittelalterlichen Sprichwörtern dem Teufel beigelegt, wie u. a. in folgenden:
   „Es sollen Frowen unde Man den roten Gesellen lassen
gan!" „Rot Har, bös Har! Es verratet den Vater!" d. h.
den Teufel. „Rother Bart, Teufelsart!"
   Wir sagen oft von einem Menschen, den wir bedauern:
„armer Teufel!" Noch im 17. Jahrhundert hiess es gerade
so „der arme Donner".* „Donnerskind" wurde gebraucht im
Sinne von „Teufelskind". Grimmelshausen, der Verfasser des
Simplicissimus, braucht „das Teuffelsgeld" und „das Donners-
geld" in gleicher Bedeutung, im Sinne unseres heutigen:
„das verteufelte Geld".
   Donner, Blitz und Regen werden unter allen Natur-
erscheinungen vorzugsweise als von Gott ausgehend be-
trachtet. Besonders aber wird der Donner dem zürnenden,
strafenden Gotte zugeschrieben. Bei Gewittern pflegt das
Volk zu sagen: „Der liebe Gott zürnt!" im Alemannischen:
„Unser Herrgott balgt!"
      „Gott der Herr muss warlich from sein
      Dass er nicht mit Donner schlegt drein." (1592.)
   Donar erscheint in Volkssagen mit einer blauen
Peitsche. Die blaue Flamme schien göttlich, bei ihr wurde
geflucht. „Donner's Blöskên help!" d. h. Donners blauer
Schein hilf! „Blau Feuer!" pflegte man zu rufen und zu
fluchen. „Hab' dir das blau Feuer!" flucht die Bäurin in
„der fahrende Schüler mit dem Teufelbannen" von Hans
Sachs. Die heutigen Ausdrücke: „blau pfeifen", d. h. hexen,
„blaues Wunder", d. h. Teufelsstück, lassen sich vielleicht
davon ableiten, ebenso einen Tag blau machen, das ehemals ihn heiligen bedeutete. „Blauer Montag" ist also heiliger
Montag. Blaufarben Brot wurde früher gegeben um

---

  * S. Grimm, Mythologie, S. 847.

Jemanden zu verzaubern, nach folgendem Recept zu bereiten:
Beimischung des Blutes eines ungetauften Kindes, das der
Verzauberer selbst umgebracht, Schlangen-, Kröten-, Fuchs-
und Wolfsblut und Blut des Fisches Ehmi. Die Wirkung war,
dass der Verzauberte 12 Jahr lang grausamlich vom Teufel
gepeinigt werden müste. So berichtet D. Johann Weier in
seinem Werke: de praestigiis etc. Deutsche Übersetzung
(A. 1575), Vol. II. p. 133.

Donars Geschoss war der Hammer. Er schoss aber
auch keilförmige Steine, die heutigen Donnerkeile, von denen
die alte Betheuerung kam: „so slahe mich ein Donnerstein!"
Heute ruft man noch in den Niederlanden: „Bei Gottes heiligen Steinen!" Die Donnerkeile hiessen auch später Teufels-
finger. Der Hammer, den der Gott warf, kam von selbst
nach dem Wurfe wieder in seine Hand zurück. Dieser
Hammer galt ehemals als ein heiliges Geräth, mit dem Bräute
und auf dem Scheiterhaufen liegende Leichen geweiht wurden.
Das Hammerzeichen segnete, wie bei den Christen das
Zeichen des Kreuzes, und der einschlagende Blitz galt noch
lange im Mittelalter. wie andererseits schon im classischen
Alterthum, für die glückliche Vorbedeutung eines Unter-
nehmens. Im altdeutschen Recht heiligt der Hammerwurf
den Erwerb. Daher kommt wohl der Zuschlag mit dem
Hammer bei Versteigerungen. In Notkers Psalmenübersetzung
und Paraphrase (10. Jahrh.) heisst es: Pezzeront (bessert)
iuh fone Gotes hamerslegen (Psalm 97, 5).*

Weil des Gottes Hammer einschlägt und die Flüche:
„Der Donner schlage dich!" oder „der Hammer schlage
dich!" „Der Hammer slah!" alle gleichviel aussagten. so ent-
sprang in einigen, besonders niederdeutschen Gegenden, nach
dem Untergang des Gottes Donar, eine Personification des
Wortes Hammer mit dem Begriffe Teufel. „Dat di de Hamer
sla!" „I vor den Hamar!", „De Hamar sla!" sind noch jetzt
unter dem Volke gangbare Redensarten, in welchen man

* Gott „schlägt" wie Donar in einer grossen Anzahl von Ausdrücken; schwere Krankheit heisst nhd. der gotes slac. Auch „fällt"
Gott den Menschen: Got müeze iuch vellen u. ä.

„Hammer" mit „Teufel" vertauschen kann, die aber sämmt-
lich auf den mit dem Hammer einschlagenden Gott zurückgeführt werden müssen. Ebenso ist es mit dem Namen
„Meister Hämmerlein" für den Teufel: „Du bist ein Meister
Hämmerlein!" d. h. ein Teufelskerl; „Meister Hämmerlein
bosst an!" von bossen d. h. schlagen (engl. beat); „Dat is
en Hamer, en hamersken Kerl!" „De Hammer kennt se all,"
d. h. der Teufel kennt sie alle. „Meister Hämmerlin's Affen-
spiel" hiess früher so viel als Gaukelei. „Verhamert" heisst
verflucht, verdammt. Wie tief der Kultus des Gottes Donar
im Volke gewurzelt war, beweist die grosse Zahl unausrott-
barer Fluchausrufe und Betheuerungen, wovon ich nur einige
hier anführen will: „Doner sexen!" oder „Donner in Sachsen!"
(ein Fluch der wohl ursprünglich: „Donar und Saxnôt" hiess;
s. o.) „Donner! Zum Donner!" „Donner und Teufel!"
„Donnerwetter!" „Heiliges Gewitter!" „Potz Donner!" „Potz
Blitz!" „Donner auch!" „Potz Donnerhammer!" „Beim
Hammer!" „Donnerstag!"* „Was für ein Wetter führt dich
her!" „Welches Donnerwetter hat dich hergebracht!" „Ich
will des Wetters sein!" „Ich bin des Donners!" Neben
dem Segen „Gott walt's" ist im Volksmunde der Fluch: „Das
walte der Teufel, der Donner!" gebräuchlich. Fernere Ausrufe sind: „Wetter!" „Wetterstein!" „Donnerkeil!" „Donner-
wäsche!" „Dummer!"

In dem beliebten Fluch: „Kreuzdonnerwetter!" oder
„heiliges Kreuzdonnerwetter!" „Dass dich ein heiliges Kreuzdonnerwetter!" könnte man das Kreuz mit dem Hammer
Donars in Verbindung bringen, der der Form eines Kreuzes
sehr ähnlich gedacht werden kann, mit seinem durch die
Mitte gehenden, über das Eisen hinausragenden Stiele. Der
Hammer war, wie ich schon erwähnt habe, ein heiliges Geräth, und wurde oft, gerade wie das Kreuz, bei Ceremonien
und selbst auf Denkmälern gebraucht.

---

* Der Donnerstag blieb lange ein heiliger Tag. Er war Donar
geheiligt. Donar war Schutzpatron der Ehen. Letztere wurden (s. o.)
mit dem Hammer eingesegnet. Heute noch ist in Deutschland der
Donnerstag ein beliebter Tag für Heirathen.

Die eigentliche Bedeutung des folgenden alten, offenbar
auf Donar sich beziehenden Sprichworts ist mir nicht bekannt: „Der Teufel schlägt seine Mutter, dass sie Öl giebt!"
So pflegte man zu sagen, wenn es donnerte und die Sonne
dazu schien. Donar wird gewöhnlich als Sohn Wodans und
Hertha's (nord. Jörd). der Erde, bezeichnet. Aber auch Frigg
wird als Odins. Gattin angeführt. Das Öl hingegen weiss ich
nicht zu deuten.

Gott Donar hatte ein Gespann B ö c k e vor seinem
Donnerwagen. Er selbst wurde der B o c k genannt.

Die Kindsmädchen in gewissen Gegenden, u. a. im Oden-
wald, auch in der Pfalz, singen noch heute (oder sangen
wenigstens vor noch nicht langer Zeit) folgende Reime, indem sie das Kind auf den Knien reiten lassen.*

> Hotte! Hotte! Ressel!
> In Bade liegt e Schlessel.
> In Bade liegt e Boppehaus,
> Gucke drei schöne Jungfere raus.
> Die Eene, die spinnt Seede;
> Die Annere, die spinnt Weede;**
> Die dritte spinnt e rothe Rock
> Für unsern liewe G e e s b o c k! (Pfälzische Mundart.)

„Dass die spinnenden Jungfrauen" — sagt Karl Blind —
„die schicksalswebenden Nornen sind, steht fest. Wahrscheinlich bezieht sich der Eingang auf den täglichen Asen-Ritt über
die Regenbogenbrücke zu der Wohnung der drei Schicksalsschwestern.*** „Baden" könnte, schon seiner Wortbedeutung
nach, leicht an die Stelle des Sees oder Wassers getreten
sein, in dem die Nornen wohnen. Dass der „liebe Geisbock"
ein G o t t ist, ergibt sich aus der an andern Orten gebräuchlichen christlichen Unterschiebung des „lieben Herrgotts",

---

* Ich verdanke dieselben in d i e s e m Wortlaute Herrn K a r l
B l i n d, der sie selbst vernommen hat; es ist mir nicht bekannt, dass
der Zusammenhang des „Geisbocks" in dem folgenden Kinderliede mit
Donar bis jetzt hervorgehoben worden wäre.

** „Weede", d. h. W e i d e , bedeutet Todesstricke. Dieselben
wurden im Alterthum aus Weiden geflochten; s. Mannhardt, die Götter
der deutschen und nordischen Völker, S. 323.

*** S. Karl Blind: Yggdrasil; or the Teutonic Tree of Existence.
London, Spottiswoode & Co. 1877.

der sich aber nicht reimen will. Donar, der, wie erwähnt,
mit Böcken fährt, wird daher leicht selbst zum Bock, wie
sich überhaupt die Göttergestalten ursprünglich meist aus
Thierformen (Freya — Schwan, Hera — Kuh u. s. w.) heraus
entwickelt haben. Der rothe Rock ist des rothbärtigen
Gottes Gewand; die rothe Farbe war ihm auch an Thieren
und Pflanzen geheiligt. Die besondere Erwähnung des „lieben
Geisbockes" könnte sich daraus erklären, dass er der Ein-
zige ist, der, seiner Flammennatur halber, nicht über die
Regenbogenbrücke reitet, da sie sonst in helle Lohe geriethe,
sondern zu Fuss durch Flüsse watet, um zu den Schicksalsschwestern zu gelangen. Seine wuchtige Zerschmetterungs-
kraft aber macht auch ihn zu einer Art Schicksalsbringer;
den Nornen ähnlich. In den Kinderreimen, die einen Heiden-
Katechismus bilden, sind solche Andeutungen immer in wun-
derbar knapper Form gegeben." *

---

* Herr Karl Blind hat in England und theilweise auch in Amerika
eine Reihe sehr interessanter Abhandlungen über Gegenstände der
deutschen Mythologie geschrieben, die es wohl verdienen, seinen Lands-
leuten in der Heimat bekannt zu werden. Ich führe folgende davon an.
1) The Germanic World of Gods. — 2) The Barbarossa Legend. —
3) Freia-Holda, the Germanic Goddess of Love. — 4) An Ancient Creed:
Tree and Serpent Worship. — 5) Baum- und Schlangendienst. —
6) Eine misshandelte Götterwelt. — 7) An ill-treated World of Gods.
(Die beiden letzteren über indische Mythologie). — 8) How I came
to study Mythology. — 9) Germanische Feuerbestattung in Sage und
Geschichte. — 10) Fire - Burial among our Germanic Forefathers: a
Record of the Poety and History of Germanic Cremation. — 11) Das
vor-christliche Kreuz. — 12) Yggdrasil; or: The Teutonic Tree of
Existence. — 13) The White Woman of German Castles. — 14) The
Boar's Head Dinner at Oxford, and a Germanic Sun-God. — 15) Das
Oxforder Eber-Mahl und ein germanischer Sonnengott. — 16) An old
German Poem (the Wessobrunn Prayer) and a Vedic Hymn. — 17) „A
Miracle Play in the 19th Century", Auseinandersetzung eines Zu-
sammenhangs zwischen den Passionsspielen und vermuthlichen ger-
manisch-heidnischen Darstellungen. — 18) The Ethic Ideas of the Edda. —
19) Die sittlichen Anschauungen der Edda. — 20) Eine Umdichtung
aus der Edda im shetländer Volksmund. — 21) Neue shetländer Fünde
zum Asenglauben. — 22) Shetland Survivals of Odinic Songs. — 23) Shakespere's Weird Sisters. — 24) Shakespere's Schicksalsschwestern.
Diese Abhandlungen erschienen in der „North American Review",
„Cornhill Magazine", „Dark Blue", „Deutsche Warte", „Fraser's Maga-

Wie Donar ehedem der Bock genannt ward. so auch der
Teufel, und letzterem wurde sogar die Erschaffung der Böcke
und Geissen beigelegt. Die Böcke, Donar's Gespann, wurden
des Teufels Lieblingsthiere, und seine Hexen pflegten auf
Böcken zu reiten. Die Bockshörner und der Bocksfuss des
Teufels kommen auch daher. Ja oft erschien der Teufel
ganz als Bock. (S. a. unten.) Er wurde daher auch Höllen-
bock genannt, und viele alte Flüche bezeichnen ihn mit
diesem Namen. „Dass ihn der Bock schände!" finden wir
bei Hans Sachs, und lange vor ihm rief man: „durch Bocks
Tod trink!" „Bei Bocks Schedel!" „Dass dich Bocks Esel
schänd'!" „Durch Bocks Tod" u. ä. m. In Sebastian Francks
Sprichwörtern (1541) kommt folgender Fluchausdruck vor:
„Der ist — sammerbocksmarter — ein gut Gesell";
das Wort „Marter" aber macht wahrscheinlich, dass „Bocks"
hier eine Entstellung aus „Gotts" ist, was es auch in einigen
der vorhergehenden Flüche sein könnte.

Von andern deutschen Göttern und Göttinnen finden
sich noch hie und da in Flüchen Erinnerungen an alte Zeiten,
doch nicht in der Menge, wie bei Donar. der ein Lieblingsgott der Germanen war.*

„In der Schlacht am Welpesholze 1115" — sagt W. Mannhardt a. a. O. S. 85. — „gewannen die aufständischen Sachsen den
Sieg über Kaiser Heinrich V. In der Folge sollen die Sachsen
zum Andenken dieser Begebenheit eine Bildsäule errichtet
haben. welche einen auf vaterländische Weise mit einem
Eisenhut bewaffneten Krieger vorstellte. Diesen haben die
Bauern den heiligen Theiodute geheissen, weil sie geglaubt,

---

zine", „Gentleman's Magazine", „University Magazine" u. s. w. und sind
in der amerikanischen, englischen und deutschen Presse vielfach be-
sprochen worden. Mehrere der Abhandlungen sind als Sonder-Abdrücke
veröffentlicht.

* Man darf übrigens nicht ausser Augen lassen, dass in den
verschiedenen mit „Donner" gebildeten Flüchen und Ausrufen, wo
nicht deutliche mythologische Bezüge (wie der Hammer o. ä.) sich finden,
ebenso leicht an die an sich imposante und daher zu Ausrufen leicht
verwendbare Naturkraft des Gewitters ohne besondere mythologische
Beziehung gedacht werden kann.

durch ihn den Sieg gewonnen zu haben." — Ähnlich sagt
Albinus in seiner Meissner Chronik (ed. 1580, S. 303 und
304), dass ein alter heidnischer Gott nach Einführung des
Christenthums als Heiliger vom Landvolke verehrt wurde,
welcher Zedut, auch Jodut genannt war. Die Bauern bei
Merseburg legten ihm die Kraft bei, den Sieg zu verleihen.
Es hiess nach Albinus in einem alten Liede:

> Sanct Jodutte war ein heiliger Mann,
> Wie der Feind kam, gieng er forn an."

Albinus leitet von demselben Gotte wie jenes Jodute
auch die Ausrufe Mord-jo* und Zeter ab. Diese Rufe,
sagt er, sind besonders bei den Meissnern sehr in Gebrauch,
und Zedut ward in Zeter verwandelt. „Denn" — sagt
er — „dieses sonderlich bey den Weibern in exclamationi-
bus noch im brauch ist, Zedaute, Zedaute, welches ge-
schreies ursprung wir also hiemit setzen müssen." — Dazu
lässt sich Weiteres beifügen. Der Ausruf „Zeter über den
Mörder!" lautete im Amte Ritzebüttel nach friesischem
Gebrauche „Jodute, Jowehe, Jowach über den Mörder!"**
In anderen niederdeutschen Gegenden kommt Jodut im
Sinne von Zeter vor, z. B. wâpen to iodute! helpet mî!

Es fragt sich, ob die beiden Interjectionen „Jodute"
und „Zeter" verwandt sind und welches ihr Ursprung ist.
Mannhardt nimmt an, dass die Nachricht von dem heidnischen
Gott Jodute aus einer falschen Auslegung der Interjection
hervorgegangen sei. Das mag für das ganze Wort richtig
sein; aber was ist „io", der erste Bestandtheil des Wortes?
Am wahrscheinlichsten ist wohl, dass obiges „to iodute" eine
Entstellung ist aus dem oben genannten theiodute, und dass
dieses zu erklären ist aus tio-dute; dazu stimmen die ähnlichen Waffenrufe tia-nut, zie-ter, d. h. zeter. In allen diesen
tio oder zie wäre Niemand anders zu erkennen als der
Schlachtengott Ziu, altnord. Týr, und wir hätten hier einen
der wenigen Überreste dieser von ihrer Höhe (denn Ziu

---

* „Mordjo", vgl. „Feurjo" u. a., gehört jedenfalls nicht daher.
** V. Dr. Otto Beneke, Hamburgische Geschichten und Sagen,
S. 323 und Anmerkungen S. 387, 110.

ist griech. _Διϝ, Ζεύς_. lat. Ju-piter) auf zweiten oder dritten
Rang herabgesunkenen Gottheit. *

Obwohl der Teufel dem Donar die meisten seiner äusser-
lichen Attribute verdankt, so hat er doch noch einige von
andern Gottheiten erhalten. Loki,** der böse Gott, ward
ausgestossen aus der Gemeinschaft der Götter. Er wohnt
unter der Erde, ist Vater von Hel, der Schlange Midgard u. s. w.
Loki wurde zur Strafe seiner Unthaten in Fesseln gelegt,
aus denen er aber am Weltende wieder frei werden wird.
Daher kommt, nach Jacob Grimm, der noch heute übliche
Ausdruck, der eine Gefahr drohende Verwirrung bezeichnen
soll: „Der Teufel ist los!" „Der Teufel ist freigelassen!" Der
Teufel war ledig!" Mit diesem Loki, dem L ü g e n g o t t e,
dem Feuergotte, hat unser Teufel, neben den zwei letzteren Bezeichnungen, noch eine sehr unbeliebte Eigenschaft,
die ihm schon oft unter die Nase gerieben wurde, den
S c h w e f e l d u n s t gemein.

Der alte Held und Halbgott W i e l a n d.*** der deutsche
Vulcan und Schmiedemeister, war an den Fusssehnen ge-
lähmt, was ebenfalls ein Attribut des Teufels ist, denn
auch aus diesem kunstbegabten Gotte ward später ein l a h-
m e r T e u f e l. Gar nichts mit diesem Wieland zu schaffen
hat der Name Vâlant, welchen der Teufel im Mittelhochdeutschen führt. Dieser ist sicher erst christlichen Ursprungs
und hängt mit dem Verb „fehlen", mhd. vâlen, zusammen.
Als „Junker Volland" ist dieser Name noch länger erhalten
geblieben.

Schwieriger zu erkennen ist die mythologische Beziehung in den verschiedenen mittelalterlichen Flüchen, in denen
die S o n n e personificiert ist: Ir sult farn der sunnen haz!
Nu ziuhe in von mir der sunnen haz! Si hiezen in strichen
in der sunnen haz. Hebe dich der sunnen haz! u. s. w.

Statt der sunnen haz erscheint auch das leichter verständliche Gotes haz. Jene Flüche werden einfach bedeuten,

---

* S. Grimm, Mythologie, Nachtr. S. 71 f.
** S. Grimm, Mythologie, S. 199 ff.
*** S. Grimm, Mythologie, S. 312 ff.

dass der Verfluchte nicht werth sei, von dem wohlthätigen
Licht der Sonne beschienen zu werden. Dass aber die Sonne
Gegenstand göttlicher Verehrung war, jene Flüche also zu-
gleich ursprünglich eine mythologische Bedeutung haben
können, zeigen manche Überreste im christlichen Mittelalter.*
Unmöglich aber wird es sein, eine bestimmte mythologische
Fixierung für diese Sonne zu finden, da im germanischen
Heidenthum nicht nur mehrere Gottheiten als Sonnengott-
heiten anzusehen sind, sondern die Sonne selbst personificiert
erscheint.

In der deutschen Mythologie gab es weisse und dunkle
Geister, Kobolde. Auch die Göttin Hel, Hellia, Loki's
des Feuergotts Tochter, die Göttin der Unterwelt, wurde
halb dunkel, halb weiss dargestellt,** oft auch einfach schwarz.

Jene Doppelfarbe kann der Hel zukommen, da sie als
Göttin der Unterwelt zugleich Spenderin des Lebens ist. Der
Teufel dagegen ist nur der dunkeln Seite der Lebewesen
angehörig. Er erscheint daher als „der Schwarze", „das
Graumännlein", „der hellemôr" (mhd.); daneben erscheint er
freilich auch mit grüner oder rother Kleidung. Dass der
Teufel bei den Negern weiss ist, mögen ihre alten Peiniger
sich gesagt sein lassen. ***

Aus der guten, freundlichen, hilfreichen Göttin Holda,†
der friedebringenden, wurde später ein fürchterliches, Kinder
erschreckendes Scheusal mit langer Nase und grossen Zähnen;
die bekannte Frau Holle. Von ihr stammen die Ausdrücke:
„Er ist mit der Holle gefahren!" „Hullebetz", „Holle-

---

* „Sam mir daz heilige liecht!" ist ein alter heidnischer Ausruf.
Ebenso: „Sam mir der heilic tac!" Aber auch die Nacht ward für
heilig gehalten, und man rief: „Sam mir diu heilic naht hint!" Noch
im 15. Jahrhundert musste verboten werden, die Sonne für eine Göttin
zu halten, und sie „heilige Frau" (sancta domina) zu nennen. Noch
heute ruft man sie in Niederdeutschland beim Regen an und fleht sie
an wieder zu kommen. Anstatt der Sonne ruft man an manchen Orten
St. Katharina mit denselben Worten an. Auch hat man Katharina mit
einem Rade dargestellt, das ein Bild der Sonne ist. (Mannhardt, a. a. O.
S. 313 f.).
** S. Grimm, Mythologie, S. 259 f.
*** S. Grimm, Mythologie, S. 829 f. und Nachtr. S. 294.
† S. Grimm, Mythologie, S. 220 ff.

peter" u. a. Die gute Holda ward zur Hexe. In der skandinavischen Götterlehre gibt es keine Göttin Holda, sondern eine Zauberin Huldr, deren Gestalt aber durch einen Schwanz entstellt ist, den sie sorgfältig zu verbergen sucht. Überhaupt waren mehrere Gottheiten mit Schwänzen versehen. Die Anführerin des wilden Heeres in Norwegen hatte einen Stutenschweif, davon hiess sie Gurorysse oder Reisarova.

Hier ist auch des Teufels Mutter oder Grossmutter zu erwähnen, die in so vielen Resten alten Gaubens erscheint.[*] In dem angelsächsischen Gedichte Beowulf tritt ein teuflischer Geist auf Namens Grendel; seine Mutter, Grendeles modor, erscheint als eine wahre Teufelsmutter. Das Wort Grendel bedeutet „Riegel". Die Hölle wird durchaus als verriegelt vorgestellt. Eine hässliche, zänkische Alte wird auch Höllenriegel (oder Teufelsgrossmutter) gescholten. Dieses hellerigel gebraucht schon Hugo von Langenstein (a. 1293) als Schelte. Wir haben in dieser Teufelsmutter eine altheidnische Gestalt zu erkennen. In den Behausungen der Dämonen und Riesen der germanischen Sage sind deren Mütter, Grossmütter. auch Schwestern, stehende Erscheinungen.

Nach dem Untergang des Heidenthums, als die deutschen Götter Teufel geworden, erschienen die untergeordneten Geister der deutschen Götterlehre als Diener und Boten Satans oder als dessen Dienerinnen, als Hexen. Ein einziger Kobold, Bruder Rausch, eigentlich „Russ", der englische friar Rush, wurde unter die Mönche versetzt. Unter den kleinen Geistern, den Elben und Kobolden, gab es schwarze und hellfarbige, also gute und böse, schon in der altgermanischen Religion, und dieser Unterschied ist in den Volksvorstellungen bis heute fest geblieben.

Auch die Riesen der germanischen Mythologie, welche von vornherein schon als ein den Göttern feindseliges Geschlecht gedacht wurden. erlebten dieselbe Umwandlung in teuflische Wesen. In vielen Volkssagen vertauschen Riesen und Teufel ihre Rollen. und eine Menge von Beziehungen

---

* S. Grimm, Mythologie, S. 201 und 841 f.

besteht zwischen beiden. Wohin der Riese oder Teufel
mit der Hand greift oder mit dem Fusse tritt, lässt er im
Gestein unvertilgbare Spuren.* Gewissen Riesen wurde,
wegen ihrer schwerfälligen Gestalt, oft D u m m h e i t beigemessen, den Zwergen dagegen Schlauheit und übermensch-
liche Kunst. „Dumm" bedeutet in der alten Sprache sowohl
stumm als schwerfällig. In späteren Volkssagen werden die
Riesen „d u m m e D u t t e n" genannt.** Dieser den Riesen
beigelegte Titel ist auf den Teufel übergegangen. Daher
d u m m e r T e u f e l. Überlistungen von Seiten der Menschen-
kinder, die den Riesen angedichtet worden waren, wurden
nachträglich auf den Teufel übertragen.

So ist fast das ganze Wesen des mittelalterlichen Teufels
(so nemlich, wie er in der Volksvorstellung erscheint, nicht
nach der kirchlichen Lehre) der alten germanischen Mythologie
und zwar verschiedenen Gottheiten und Geistern derselben entlehnt. Von Odin stammt wohl die Trilogie, von Donar hat
er Gestalt. Haarfarbe, Bockshorn und Bocksfuss, nebst dem
rothen Mantel, von Loki den Gestank, von Wieland die
Lahmheit, von den Riesen die Dummheit und von Grendel
oder andern dämonischen Gestalten seine Grossmutter. Von
wem der Teufel seinen Schwanz entlehnt hat, ist fraglich.
Mehrere Gottheiten waren geschwänzt (s. o.). Wahrscheinlich aber ist der Teufelsschwanz ursprünglich ein Eberschwanz.
Der Wind ward als aufwühlender Eber angeschaut; später
galt er als ein böser Geist in Ebergestalt; schliesslich stellte
man diesen in menschlichem Körper vor mit E b e r s c h w a n z,
in dunkler Erinnerung an seine ehemalige Thierform.***

DER TEUFEL IN THIERISCHER GESTALT.

Ich habe in dem vorhergehenden Kapitel nur diejenigen
Teufelsflüche erwähnt, die in Beziehung zur deutschen Mythologie stehen. Neben ihnen gibt es und gab es aber noch

---

* S. Grimm, Mythologie, S. 459.
** S. Grimm, Mythologie, S. 438 und Nachtr. S. 153 f.
*** S. Mannhardt a. a. O. S. 27 und 97.

eine Legion anderer. Die Teufelsflüche sind so zahlreich, so mannigfaltig, dass sie allein viele Bogen füllen würden, und ich kann hier nur Weniges aus diesem reichen Schatze noch beifügen. Satan spielte im Fluche der mittelalterlichen wie der modernen Deutschen eine grosse Rolle. Man fluchte bei ihm und verfluchte ihn. Eine alte Redensart ist: „dem Teufel ein Bein vom Leib und das linke Horn vom Kopfe fluchen". Man fluchte und flucht ihn nicht nur in die Leiber und Leibestheile Anderer und wies ihm oft nicht gerade die angenehmsten Quartiere darin an, sondern man verwünschte auch Andere in des Teufels Leib und Leibestheile.* Man machte den Teufel für alle Sünden verantwortlich. Keine Schandthat wurde begangen, die er nicht angestiftet haben sollte. Es war das sehr bequem für jeden Schurken, seine Übelthaten dem Teufel „in die Schuhe schütten" zu können. Man fürchtete und verspottete ihn zugleich, und in den früheren geistlichen Spielen muste er eine Art Hans-Wurst spielen und wurde dabei so oft geprügelt, dass Einige daher den Ausdruck a r m e r T e u f e l ableiteten.

Besonders bemerkenswerth ist die grosse Zahl von Thiernamen und Thiergestalten, welche dem Teufel beigelegt werden und wovon viele wieder aus der deutschen Mythologie stammen. Er hat von folgenden, den deutschen Göttern heiligen Thieren Namen und Gestalt angenommen. Die alten

---

* In Chaucer „the Sompnoures Tale" hat Satanas sogar zwanzigtausend Mönche in den Gedärmen. Den Mönchen im Allgemeinen wurde dieses Quartier angewiesen, wie sie überhaupt in eine unangenehm nahe Beziehung zum Teufel gesetzt wurden (wieren die tiufel tôt, münche und pfaffen kiemen in nôt, sagt Hugo von Trimberg). Manchmal lässt er sie wie einen Bienenschwarm aus dem Leibe schwärmen, aber sie müssen alle wieder hinein, der Teufel klappt den Schwanz zu und hält sie so unter Verschluss. Nach Obigem darf man sich nicht wundern, dass er, trotz der Mönche, auch die heilige Margaretha ganz verschluckte. Diese aber liess sich nicht behandeln wie die Mönche. Als sie im Schlunde des Teufels war, machte sie das Zeichen des Kreuzes, worauf Satanas sofort barst und Margaretha unverletzt aus seinem Bauche heraustrat. Surius und Metaphrast fügen noch hinzu, dass sie sich sofort auf Satan warf, ihn zu Boden schlug, den rechten Fuss auf seine Kehle setzte und ihn zwang sich für besiegt zu erklären.

Götter verwandeln sich oft in Thiere. Der B o c k, Höllen-
bock, kommt von Donar's Gespann. Der Bock und die
Ziege waren zugleich Opferthiere Donar's.* Wodan schuf
den W o l f; ihm sind in der nordischen Sage zwei Wölfe dienst-
bar, Geri und Freki. Ein Sohn des Loki ist der Fenris-
Wolf. Das Alterthum kennt keine häufigere Verwandlung
der Menschen in Thiere, als die in Werwölfe. Gott Odin wird
am Weltende von einem Wolfe verschlungen. P f e r d e
waren heilige Thiere. Beinahe jedem Gotte und auch Riesen
ist ein mit Wunderkräften ausgestattetes Pferd zugewiesen.
Loki nimmt einmal, um zu täuschen, die Gestalt einer Stute
an. Später reitet der wilde Jäger, der in den heutigen Sagen
Wodans Stelle vertritt, auf weissem Rosse, nach manchen
Sagen auf einem schwarzen. Weisse und schwarze Rosse
sind immer, auch in England, in Verbindung mit höllischen
Angelegenheiten gewesen. In dem wohlbekannten „Devil's
Ride" von Southey heisst es:

> „An apothecary, on a white horse,
> Rode by on his vocation;
> And the devil thought of his old friend
> Death in the Revelation!

Der E b e r war dem Sonnengotte Fro, altnordisch Freyr,
heilig. Mit ihm und seinem Eber war die Idee von Glück
verbunden: der Sonnengott war auch der Glücksgott. Könn-
ten wol daher die Ausdrücke kommen: „Er hat Schwein"
d. h. Glück; „da möchte man auf der Sau (auf dem wilden
Schwein) davon reiten"? Zur Hexenzeit nahm der Teufel
die Gestalt eines Schweines an. Drei englische Hexen in
Northamptonshire waren angeklagt, alle drei auf dem Rücken
einer Sau geritten zu haben.** K a t z e n zogen den Wagen

---

* Eigenthümlich ist, dass, während der Bock zum Lieblingsthier
des Teufels erniedrigt ward, er heute noch in gewissen Gegenden in
heidnischem Sinne betrachtet wird. In Süddeutschland wie in der
Mark Brandenburg halten die Bauern mit grossem Viehstande einen
Ziegenbock im Stalle, d a m i t d a s V i e h n i c h t b e h e x t w e r d e.
Donar nämlich war der Feind und Vernichter der bösen G e i s t e r.
S. auch oben.

** Vgl. „Die alte Baubo kommt allein, Sie reitet auf einem
Mutterschwein." (Göthe, Faust: Walpurgisnacht.)

der Göttin Freya. Später wurde dieses Thier das Lieblingsthier der Hexen, denen der Teufel oder einer seiner Höllen-
kobolde oft iu Gestalt einer schwarzen Katze erschien.
Auch der Hund war ein heiliges Thier. Dem Odin
werden Hunde beigelegt, wie auch den Nornen. Der Hunde
Geheul galt als vorbedeutend. Sie witterten das Herannahen
der Götter. „Wenn Hel umgeht, merken sie die Hunde“.
Nach der nordischen Sage liegt in der Unterwelt der unge-
heure Hund Gramr, mit dem man den griechischen Ker-
beros vergleichen kann. In Gestalt eines schwarzen Hundes
erschien später der Teufel, der „Höllenhund“, wie er oft
genannt ist.*

Die Schlange Midgard hat in der nordischen Sage
zum Vater Loki, den Lügengott. Am Weltende wird Thor
vom Gifte der Schlange sterben. Schlangenverehrung bestand
wohl in den frühesten Zeiten unserer Vorfahren. Viele Reste
solcher Verehrung bestehen noch in vielen Märchen von
wunderbaren Schlangen. Im Beowulf kommt auch eine geflügelte Schlange vor, „Wurm“, „Lindwurm“ genannt, denn
das Wort Drache ist nicht deutsch. Helden, selbst Götter
wie Thor, bekämpften Drachen. Drachenflügel werden dem
Teufel beigelegt.

Götter und Göttinnen, auch Riesen pflegten sich in
Vögel zu verwandeln. Der Rabe war Wodan heilig. Zwei
Raben waren seine beständigen Begleiter. Später wurde
der Rabe ein Höllenvogel, Höllenrabe, Nachtrabe o. ä.
genannt. Der Nachtrabe, ein riesiger Rabe, mit eisernen
Flügeln, wârk, wârk kreischend, fliegt dem wüthenden Jäger
(d. h. Wodan) voran. In Süddeutschland erschreckt man
noch jetzt Kinder, die spät nach Hause kommen, mit den
Worten: „Der Nachtrabe frisst dich“.

Auch die Gestalt und der Name des Hahnes, Geiers,
Kukuks wurden dem Teufel beigelegt.

---

* Die germanischen Heere, die nach Italien zogen, führten wilde
Hunde mit, die mit ihnen kämpften. Daher kommt wohl noch die heutige englische Redensart: The dogs of war are let loose. (Die Kriegs-
hunde sind los!)

Der H a h n war ursprünglich dem Donar geheiligt, theils seines Krähens, theils seiner rothen Farbe wegen. Daher der Ausdruck: „Einem den rothen Hahn auf das Dach setzen", daher wohl auch Wort und Gebrauch des „Wetterhahns". Im Mittelalter wurde der Teufel oft in Hahnengestalt oder mit Hahnenfüssen dargestellt.*

Der G e i e r kommt in Flüchen im Sinne von Teufel vor. Diesen Sinn haben die Flüche: Hol' dich der Geier! Dass dich der Geier schände! Wo Geier? u. s. w.

Der K u k u k war Bote Donars. Er wird angerufen, die Lebensdauer, Dauer der Ehe, Zahl der Kinder in der Ehe u. ä. vorauszusagen. Im Schaumburgischen trägt der Hochzeitlader auf seinem Stabe einen Kukuk.** Später verlor der Vogel seinen guten Ruf. Im Altdeutschen heisst der Kukuk „G a u c h", wie er im Englischen nebst cuckoo auch gawk genannt wird. Gauch und gawk aber bezeichnen nicht nur den Vogel, sondern bedeuten auch Schelm, Betrüger. Beiname des Teufels.*** In den Flüchen: Dass dich der Kukuk! Hol dich der Kukuk! Geh zum Kukuk! Das weiss der Kukuk! Der Kukuk hat ihn hergebracht! ist Kukuk gleichbedeutend mit Teufel. In dem bekannten Rheinweinliede erscheint der Kukuk auf dem Blocksberge:

„Der Blocksberg ist der lange Herr Philister,
Er macht nur Wind wie der;
Drum tanzen auch der Kukuk und sein Küster
Auf ihm die Kreuz und Quer."

Der Küster soll der W i e d e h o p f sein. „Hol dich der Kukuk und sein Küster" ist ein in Niedersachsen üblicher Fluch.

Auch I n s e c t e n waren den Göttern heilig. Der H o r n s c h r ö t e r hiess D o n n e r k ä f e r, weil er auf Donars heiligem

---

* In Irland wurden Hexen angeklagt, dem Teufel r o t h e H ü h n e und rothe Pfauenaugen geopfert zu haben.
** S. Mannhardt a. a. O. S. 198.
*** Zugleich heisst „Gauch" auch „Bastard", gewiss aus keinem andern Grunde, als weil der Kukuk seine Eier in fremde Nester legt. Vielleicht hängen die oben genannten Bedeutungen mit der des Bastards zusammen.

Baum. der Eiche, wohnt. Donnerschröter wurde auch der Teufel genannt. Die Gestalt der Fliege und den Namen Fliegengott erhielt er wieder von Loki, falls er sie nicht von dem Báαλ μνῖα (= Beelzebub) überkommen hat.* In Insectengestalt plagte er die frommen Christen. Saint Germain von Paris trieb den Teufel aus dem Leibe einer Nonne in Gestalt einer Wespe. Als Floh und Laus quälte er fromme Männer und Frauen, um sie in ihrer Andacht zu stören.**

Zum Schluss will ich nur noch einen Teufelsfluch hier anführen, theils weil es ein historischer Fluch ist, theils weil er von der höchsten Person der christlichen Kirche ausgieng. Der alte Pauli berichtet ihn in seiner Schrift „Schimpf und Ernst" schon vor 300 Jahren. Als im Jahre 1512 die Franzosen bei Ravenna über die sog. heilige Liga gesiegt hatten, deren Urheber Papst Julius II. war, rief letzterer unwillig aus, als er die Nachricht erhielt:

„Ei nu. Herrgott, so sei französisch in aller Teufel Namen!"

Ich hoffe, es sei mir gelungen, zu zeigen, dass die verpönten Spott- und Fluchworte nicht so verächtlich sind, als sie scheinen, und dass in vielen derselben kein unbedeutendes Stück Culturgeschichte verborgen liegt. Wohl gibt uns die Kenntnis der mittelalterlichen Flüche und der aus den darauf folgenden Zeiten, von denen ich nur eine Auswahl der milderen anführte, die gröberen und gröbsten unterdrückend, kein allzulichtes Bild jener so oft gepriesenen guten, frommen alten Zeiten, wo Priesterherrschaft und Feudalismus blühten. Aber unverkennbar und unverwüstlich zeigt sich auch in solchen Schattenseiten menschlichen Gemüthslebens die elastische Federkraft des Menschengeistes, seine gewandte, fast möchte ich sagen geniale Fertigkeit, das Alte in ewig wechselnde neue Formen und Gewänder umzukleiden.

---

* S. Grimm, Mythologie, S. 834.
** S. Karsch, Naturgeschichte des Teufels, S. 53 und 76.

ANHANG.

PROFANE SANSKRIT-FLÜCHE UND BENGALI-FLÜCHE.

Es mag nicht uninteressant sein, anhangsweise eine Anzahl indischer Flüche kennen zu lernen, an welchen man sehen mag, wie allgemein menschlich der Hang zum Fluchen ist und wie derselbe bei ganz verschiedenen Völkern oft instinctiv fast auf die nemlichen Formen der Verwünschung verfallen ist.

Verfluchungen und Verwünschungen im Sanskrit sind meist Verwünschungen aus der Kaste: „dass du ein Paria werdest!" oder in Thiergestalten. Verwünschungen der letzten Art sind sehr stark, denn sie wünschen, dass die Menschenseele ihre Wanderung durch niedrigere Geschöpfe von neuem beginne.

Die heutige Sanskrit-Litteratur ist arm an Flüchen oder Fluchausrufen. Der Grund ist wohl darin zu suchen, dass derjenige Theil der Litteratur, in dem das Sanskrit als Volkssprache erscheint, die Veden, fast rein religiöser Natur ist, während in allen anderen Zweigen der Litteratur die Sprache eben eine Gelehrten-Sprache ist.

In der Anschauung der alten Inder, wie in der der alten europäischen Völker, gilt der Fluch als eine ernstliche Verwünschung, welche der Verwirklichung fähig ist und daher nicht leichtfertig ausgestossen werden darf. Die Fälle sind sehr häufig, wo ein Fluch ausgestossen wird und her-

*

nach nicht einmal vom Urheber selbst zurückgenommen oder unschädlich gemacht werden kann.

Fluchinterjectionen wie unser: Potz Wetter! Sackerlot! Donnerwetter! um Gemüthsbewegungen auszudrücken, sind mir keine bekannt und existieren wohl nur in geringer Zahl im Sanskrit.

Nachfolgendes ist eine kleine Auswahl von Sanskrit-Verwünschungen und Flüchen, die ich hier anführe, da sie charakteristisch sind. Ich verdanke sie dem Herrn Professor Julius Eggeling in Edinburgh. Da das Sanskrit nur Wenigen bekannt und in einer volksthümlichen Abhandlung, wie diese, kaum am Platze ist, so gebe ich nur die Übersetzung.

Geh zur Hölle! Zur Hölle mit dir! Geh in's Nicht-sein! Geh zur Fünftheit! (D. h. mögest du in die 5 Elemente aufgelöst werden!) Verderben sei dir! Dass du verendest, du Schurke! Dass du kein Glied rühren könnest! Dass dich die Geier fressen! (Eigentlich: Du wirst Geierfutter werden!) Möchte der Donnerkeil auf dein Haupt fallen! Dass du im Mutterleibe umgekommen wärest! Schande komme über dich! Dass du Asche frässest! Dass du ge-pfählt würdest! Dass du auf den Pfahl kämest! Du Sohn einer Sklavin! Du Sohn einer Hündin! Der du bloss eine Last in deiner Mutter Leibe warst!

Folgendes ist eine Auswahl moderner indischer Bengali-Flüche, mitgetheilt von Pandit Umesha Chandra Mukerjea Vidyâratna, Dr. der Medicin.

Dass du zu Schanden werdest! Dass du untergiengest! Der Teufel breche dir den Schädel! Dass er umkäme und in der Hölle verfaulte! Der Donnerkeil falle auf dein Haupt! Dass er verbrenne und verschwinde! Dass er zu Asche werde! Friss Rindfleisch! Friss Schweinefleisch! (Es gilt für eine grosse Sünde, von beiden zu essen.) Friss deines Vaters Leiche! Iss deines Vaters Gebeine! Friss Kuh-knochen! Sauf Kuhblut! Iss deiner Liebsten Kopf! Dass deine ganze Familie verdürbe! Giess Ghee (zerlassene Butter) auf Asche! (Das heisst: Möge, was du thust, unnütz sein.) Möge es zum Todtenopfer des Teufels Vater dienen! (Das heisst: Möge Alles, was du hast oder thust, umsonst sein).

Dass die Dysenterie dich wegraffte! Dass du an der Hunds-
wuth crepiertest! Feuer auf dein Loos (Geschick)!
Diese Flüche hat Herr Professor Eggeling aus einer
grösseren Liste ausgewählt. Sie erinnern in ihrem Charakter
auffallend an die deutschen Flüche des 15. und 16. Jahrhunderts.

Zum Schlusse trage ich nach, dass der Aufsatz von Her-
mann Müller-Strübing „Zu Aristophanes. 1. Ποσειδῶν
θαλάττιος“ in den Jahrbüchern für classische Philologie 1878,
S. 753 ff., eine Anzahl interessanter altgriechischer Betheuerungen und Flüche enthält. Es war mir nicht mehr
möglich, dieselben da, wo sie etwa mannigfacher Anklänge
wegen ihre Stelle hätten finden können, noch unterzubringen.